DON'T FORGET

강제 기억
시스템

핵심만 추출한

박문각 익힘장

하현진 부동산세법

12장 익힘장으로 12문제 맞히기

박문각

학습

學 배울 학

동일한 강의로 배워도

習 익힐 습

복습 방법이 다르면 결과도 다르다!

익힘이 합격 당락을 좌우한다!

박문각 공인중개사
부동산세법 교수 하헌진

박문각 익힘장 하헌진 부동산세법 12장 익힘장으로 12문제 맞히기는?

- ☑ 부동산세법의 주요 출제 포인트를 총 12장만으로 빠짐없이 압축하여 구성한 교재입니다.
- ☑ 빈칸으로 만들어 완벽하게 연습할 수 있는 **'□익힘장'**과 출제되는 지문의 핵심적 키워드를 쉽게 파악할 수 있는 **'정답익힘장'**으로 구성되었습니다.
- ☑ 처음에는 **'□익힘장'**을 반복해서 읽은 다음, **'정답익힘장'**으로 철저한 확인학습을 해나가시면 어렵지 않게 부동산세법을 정복할 수 있습니다.

박문각 익힘장

사용가이드

Ⅰ 이론강의를 먼저 수강한 다음, 익힘장을 통해 해당 진도만큼 복습하는 데 활용합니다.

내용 및 구성

www.pmg.co.kr

조세총론

물납과 분할납부

구 분		
지방세	취득세	
	등록면허세	
	재산세(재산세 도시지역분 포함)	
	소방분 지역자원시설세(재산세를 분할납부하는 경우에	
국세	종합부동산세	
	소득세	종합소득세
		양도소득세

징수금과 징수금의 징수 순위: 지방세기본법과 지방세징수법

① 지방자치단체의 징수금: ☐ 및 ☐를 말함
② 지방자치단체 징수금의 징수 순위: ☐ → ☐

취득·보유 및 양도단계

구 분		취득
지방세	지방교육세	
	지방소득세	
국세	종합소득세	
	농어촌특별세	
	인지세	

납세의무의 성립시기

구 분		납세의무의 성
취득세		과세물건을 ☐하는 때
등록에 대한 등록면허세		재산권과 그 밖의 권리를 ☐하거나 ☐
재산세		☐: ☐
지방교육세		☐이 되는 세목의 납세의무가 ☐
지방소득세		☐이 되는 소득에 대하여 ☐
종합부동산세		☐: ☐
소득세	원칙	☐이 끝나는 때
	중간예납	☐이 끝나는 때
인지세		과세문서를 ☐
농어촌특별세		☐의 납세의무가 ☐하는 때
수시부과		☐할 사유가 발생한 때
가산세		법정신고기한이 ☐하는 때 등

□익힘장 Ⅰ 채우는 것으로 구성

www.pmg.co.kr

조세총론

물납과 분할납부

구 분			물납	분할납부
지방세	취득세			
	등록면허세			
	재산세(재산세 도시지역분 포함)		○	○
	소방분 지역자원시설세(재산세를 분할납부하는 경우에만 해당)			○
국세	종합부동산세			○
	소득세	종합소득세		○
		양도소득세		○

징수금과 징수금의 징수 순위: 지방세기본법과 지방세징수법

① 지방자치단체의 징수금: 지방세 및 체납처분비를 말함
② 지방자치단체 징수금의 징수 순위: 체납처분비 → 지방세(가산세는 제외) → 가산세

취득·보유 및 양도단계

구 분		취득	보유	양도
지방세	지방교육세	○	○	
	지방소득세		○	○
국세	종합소득세		○	○
	농어촌특별세	○	○	○
	인지세	○		○

납세의무의 성립시기

구 분		납세의무의 성립시기
취득세		과세물건을 취득하는 때
등록에 대한 등록면허세		재산권과 그 밖의 권리를 등기하거나 등록하는 때
재산세		과세기준일: 매년 6월 1일
지방교육세		과세표준이 되는 세목의 납세의무가 성립하는 때
지방소득세		과세표준이 되는 소득에 대하여 소득세·법인세의 납세의무가 성립하는 때
종합부동산세		과세기준일: 매년 6월 1일
소득세	원칙	과세기간이 끝나는 때
	중간예납	중간예납기간이 끝나는 때
인지세		과세문서를 작성한 때
농어촌특별세		본세의 납세의무가 성립하는 때
수시부과		수시부과할 사유가 발생한 때
가산세		법정신고기한이 경과하는 때 등

정답익힘장 Ⅰ 정답을 바로 볼 수 있도록 구성

2025년 제36회 공인중개사 시험

하천재의 부동산세법 12장 익힘장으로 12문제 맞히기 익힘장

제1회 익힘장 익히기	11, 12월 기초이론강의
제2회 익힘장 익히기	01, 02월 기본이론강의
제3회 익힘장 익히기	03, 04월 개념완성강의
제4회 익힘장 익히기	05, 06월 문제풀이강의
제5회 익힘장 익히기	07, 08월 핵심요약강의

하천재의 부동산세법 12장 익힘장으로 12문제 맞히기 정답

제1회

익힘장 익히기

11, 12월 기초이론강의

박문각 공인중개사

조세총론

물납과 분할납부

구 분			물납	분할납부
지방세	취득세			
	등록면허세			
	재산세(재산세 도시지역분 포함)			
	소방분 지역자원시설세(재산세를 분할납부하는 경우에만 해당)			
국세	종합부동산세			
	소득세	종합소득세		
		양도소득세		

징수금과 징수금의 징수 순위: 지방세기본법과 지방세징수법

① 지방자치단체의 징수금: ____ 및 ____를 말함

② 지방자치단체 징수금의 징수 순위: ____ → ____ → ____

취득·보유 및 양도단계

구 분		취득	보유	양도
지방세	지방교육세			
	지방소득세			
국세	종합소득세			
	농어촌특별세			
	인지세			

납세의무의 성립시기

구 분		납세의무의 성립시기
취득세		과세물건을 ____하는 때
등록에 대한 등록면허세		재산권과 그 밖의 권리를 ____하거나 ____하는 때
재산세		____ : ____
지방교육세		____이 되는 세목의 납세의무가 ____하는 때
지방소득세		____이 되는 소득에 대하여 ____·법인세의 납세의무가 ____하는 때
종합부동산세		____ : ____
소득세	원칙	____이 끝나는 때
	중간예납	____이 끝나는 때
인지세		과세문서를 ____
농어촌특별세		____의 납세의무가 ____하는 때
수시부과		____할 사유가 발생한 때
가산세		법정신고기한이 ____하는 때 등

납세의무의 확정 및 가산세

구 분		신고	가산세	결정	가산세
취득세					
등록에 대한 등록면허세					
재산세					
종합부동산세					
소득세	종합소득세				
	양도소득세				

납부의무의 소멸사유

① □
② □
③ □가 □되었을 때
④ □의 □이 만료되었을 때
⑤ □의 □가 완성되었을 때

지방세 부과의 제척기간

구 분			제척기간
납세자	사기 · 부정		□
	무신고	① □ · □, □ □, □	
		② ① 외의 경우	□
그 밖의 경우			□

조세징수권의 소멸시효

구 분		소멸시효
지방세	① 5천만원 이상	□
	② ① 외	□
국세	① 5억원 이상	□
	② ① 외	□

지방세의 가산세율

구 분			가산세율
신고	무신고	일반	□
		사기 · 부정	□
	과소신고	일반	□
		사기 · 부정	사기 · 부정 □ + 일반 □
납부	① 신고납부: 법정납부기한의 다음 날부터 자진납부일 또는 납세고지일까지의 일수 × □ □(납부하지 아니한 세액, 과소납부분 세액의 □ 한도) ② 납세고지서에 따른 납부기한 ㉠ 납부하지 아니한 세액 또는 과소납부분 세액 × □ ㉡ 납세고지서에 따른 납부기한이 지난 날부터 □이 지날 때마다 □ □, 납세고지서별 · 세목별 세액이 □은 배제)		

조세와 일반채권과의 관계

(1) 조세채권과 일반채권과의 배당순위

<table>
<tr><td rowspan="3">해당 재산에 대하여 부과된 조세:
[　　]
[　　]에 부가되는 지방교육세
[　　　　]
[　　] 등</td><td>×</td><td colspan="3">[　　]</td></tr>
<tr><td rowspan="2">○</td><td rowspan="2">주택 전세권
등에 따른 채권</td><td>×</td><td>날짜 불문 [　　]
(한도 있음)</td></tr>
<tr><td>○</td><td>[　　]</td></tr>
</table>

(2) 조세채권 사이의 배당순위: [　　] → [　　] → [　　]

조세쟁송: 지방세의 불복청구

① 행정심판 전치주의: [　　] → [　　]
② 행정심판: 심급구조
　㉠ 원칙적 [　　]: 이의신청을 거친 후에 심판청구
　㉡ 선택적 [　　]: 이의신청을 거치지 아니하고 바로 심판청구
③ 청구기한
　㉠ [　　] 이내
　㉡ 천재지변 등의 경우 그 사유가 소멸한 날부터 [　　] 이내 연장
④ [　　]까지 공매처분을 보류할 수 있음

취득세

과점주주의 간주취득

① [　　]을 [　　]
② 취득으로 보지 아니하는 경우: [　　], [　　], 총주식의 비율에 변동이 없는 경우
③ 지분비율: 최초면 [　　], 증가된 경우에는 [　　]

취득세 납세의무자 등

① 등기 등을 하지 아니한 경우라도 [　　]: 소유자 또는 양수인
② 주체구조부 취득자 외의 자가 가설한 경우: [　　]
③ 토지 지목변경 등: [　　]. 이 경우 환지계획에 따라 공급되는 환지는 [　　]이, 체비지 또는 보류지는 [　　]가 각각 취득한 것으로 봄
④ 과점주주[　　]
⑤ 상속: [　　] [　　]
⑥ 조합주택용 부동산: [　　]
⑦ 차량 등을 임차하여 수입하는 경우: 수입하는 자
⑧ 택지공사가 준공된 토지에 정원 등을 조성·설치하는 경우: [　　]의 소유자
⑨ 건축물을 건축하면서 그 건축물에 부수되는 정원 등을 조성·설치하는 경우: [　　]을 취득하는 자
⑩ 신탁재산의 위탁자 지위의 이전이 있는 경우: [　　]
⑪ 乙이 채권확보를 위하여 甲 소유의 미등기건물에 등기: [　　]
⑫ 도시개발사업 등의 시행으로 부동산의 소유자가 환지계획 등에 따라 공급받는 경우 등: 건축물은 [　　]취득, 토지의 경우에는 초과한 면적에 해당하는 부분에 한정하여 [　　]취득

취득의 유형

(1) 배우자 또는 직계존비속의 취득
① 원칙: □
② 유상: □(경매 포함), □, □, □(소득 증명, 소유재산 처분 또는 담보, 상속 또는 수증 재산) 등

(2) 부담부증여: 배우자 또는 직계존비속은 (1)을 준용
① □: □
② 채무액을 □한 부분: □

취득세의 비과세

① 국가 등의 취득. 다만, 대한민국 정부기관에 □하는 외국정부는 □
② 국가 등에 귀속·기부채납 부동산 및 사회기반시설. 다만, 타인에게 매각·증여, 무상사용권을 제공받는 경우 등은 과세
③ 신탁법에 따른 수탁자에게 이전, 위탁자에게 이전, 신수탁자에게 이전. 다만, 조합 등은 과세
④ 「징발재산」 또는 「국가보위」에 따른 □
⑤ 1년 이하 + 임시건축물. 다만, □은 과세
⑥ □ + 개수 + □. 다만, □은 과세

취득의 시기

① 유상
　㉠ □[사실상의 잔금지급일을 확인할 수 있는 자료를 제출하지 않는 경우: □(명시되지 않은 경우: 계약일부터 □이 경과한 날)]과 □ 또는 등록일 중 □
　㉡ 계약해제: 해당 취득물건을 □ 취득일부터 □에 계약이 해제된 사실이 입증되는 경우에는 취득한 것으로 보지 않음
② 연부: □의 연부금지급일과 등기일 또는 등록일 중 빠른 날
③ 무상
　㉠ 상속 또는 유증: □ 또는 □개시일
　㉡ 증여 등 무상취득: □과 □ 또는 등록일 중 □
　㉢ 계약해제: 해당 취득물건을 □ 취득일이 속하는 □에 계약이 해제된 사실이 입증되는 경우에는 취득한 것으로 보지 않음
④ 건축·개수: 사용승인서를 내주는 날(임시사용승인일, 무허가는 사실상 사용이 가능한 날)과 사실상의 사용일 중 빠른 날
⑤ 조합원에게 귀속되지 아니하는 토지
　㉠ 주택조합: □
　㉡ 재건축조합 등: □
⑥ 매립·간척: 공사준공인가일. 다만, 공사준공인가일 전에 승낙 등을 받은 경우는 사용승낙일·허가일 또는 사실상 사용일 중 빠른 날
⑦ 토지의 지목변경: □ 변경된 날과 □ 변경된 날 중 □. 다만, 지목변경일 이전에 사용하는 부분은 □
⑧ 점유: □ 또는 □
⑨ 이혼시 재산분할: □ 또는 □

취득세의 과세표준

(1) 취득당시가액: 연부취득은 [　　　](매회 사실상 지급되는 금액, 계약보증금 포함)

① 유상승계취득: 매매 또는 교환 등
　㉠ 원칙: [　　　]
　㉠ 부당행위계산: [　　　]을 취득당시가액으로 결정할 수 있음
② 무상: [　　　]. 다만, 상속은 [　　　]
③ 부담부증여: 채무부담액은 [　　　]취득에서의 과세표준을 적용, [　　　]에서 채무부담액을 뺀 잔액은 [　　]취득에서의 과세표준을 적용
④ 원시취득과 개수: [　　　]. 다만, 법인이 아닌 자가 건축물을 건축하여 취득하는 경우로서 사실상취득가격을 확인할 수 없는 경우에는 [　　　]
⑤ 토지의 지목을 사실상 변경한 경우: 그 변경으로 증가한 가액에 해당하는 [　　　]. 다만, 법인이 아닌 자의 사실상취득가격을 확인할 수 없는 경우에는 지목변경 이후의 토지에 대한 [　　　]에서 지목변경 전의 토지에 대한 [　　　]을 뺀 가액

(2) 사실상취득가격의 범위

구 분		포함 여부	
		법인	개인
직접비용	계약금, 중도금, 잔금		
간접비용	건설자금이자		
	할부·연부이자 및 연체료		
	의무		
	필요		
	약정		
	채권 매각차손(금융회사 한도)		
	중개보수		
	설치비용		
	판매		
	전기·가스·열		
	별개		
	부가가치세		
할인금액			

(3) 시가인정액의 산정: 취득일 전 [　　]부터 취득일 후 [　　] 이내의 기간

① 매매: 거래가액. 다만, 부당은 제외
② 감정가액: 감정가액의 평균액
③ 경매 또는 공매: 경매가액 또는 공매가액

취득세의 세율

(1) 취득세의 표준세율

취득 원인			표준세율
유상	주택	6억원 이하	1천분의 □
		6억원 초과 9억원 이하	[(취득가액 × 2/3억원) − 3] × 1/100
		9억원 초과	1천분의 □
	농지		1천분의 □
	그 이외 부동산		1천분의 □
상속	농지		1천분의 □
	농지 이외 부동산		1천분의 □
상속 이외	비영리사업자		1천분의 □
	비영리사업자 외		1천분의 □
원시			1천분의 □
공유물의 분할 등(본인 지분 초과 부분은 제외)			1천분의 □
합유물 및 총유물의 분할			1천분의 □

(2) 표준세율 적용시 유의사항

① 조례로 □ 세율의 □ 의 범위에서 가감할 수 있음

② 교환: □ 승계취득의 세율을 적용

③ 건축[신축과 재축은 제외]또는 개수로 인하여 건축물 면적이 증가할 때 □ : □ 취득으로 보아 세율 적용

④ 둘 이상의 세율: □ 세율을 적용

⑤ 부동산이 공유물: 그 취득지분의 가액을 과세표준으로 하여 각각의 세율을 적용

⑥ 주택을 신축 또는 증축한 이후 해당 주거용 건축물의 소유자가 해당 주택의 부속토지를 취득하는 경우: 유상거래를 원인으로 하는 주택 취득의 세율을 □

⑦ 법인이 합병 또는 분할에 따라 부동산을 취득하는 경우: □ 거래에 따른 농지는 1천분의 □, 농지 외의 것은 1천분의 □

(3) 주택 취득 등 중과세율 적용시 주택 수 판단

구 분		주택 수 포함 여부
주택의 공유지분		
주택의 부속토지		
신탁법에 따라 신탁된 주택	위탁자	
	수탁자	
조합원입주권		
주택분양권		
주택으로 과세하는 오피스텔		

⑷ 사치성 재산 등에 대한 중과세율

① 사치성 재산[회원제 골프장, 고급오락장, 고급선박, 고급주택]: 표준세율 + 중과기준세율의 ____

㉠ 토지의 경계가 명확하지 아니할 때: 건축물 바닥면적의 ____

㉡ 중과에서 제외되는 용도변경공사: ____[상속은 상속개시일이 속하는 달의 말일부터 ____(외국 ____)]

② 과밀억제권역: 본점(영리법인)·주사무소(비영리법인) + 공장

③ 대도시: 법인의 설립, 지점 등의 설치, 대도시로 전입에 따른 부동산

㉠ 휴면법인 인수 포함

㉡ 중과제외대상: 은행업, 할부금융업 등 대도시 중과 제외 업종 부동산

⑸ 취득세 세율의 특례: 중과기준세율 = 1천분의 20

구 분		세율의 특례	
		표준세율 − 중과기준세율	중과기준세율
환매등기			
상속	1가구 1주택 및 그 부속토지		
	감면대상 농지		
합병			
공유물 등의 분할	본인 지분		
	본인 지분 초과		
건축물의 이전	종전 가액		
	종전 가액 초과		
이혼	재산분할		
	위자료		
입목			
개수	종전 면적		
	종전 면적 증가		
지목변경			
과점주주			
묘지			
임시건축물	1년 초과		
	1년 이하		
등록면허세에서 보존·이전등기			
정원 등의 조성·설치			

취득세의 납세절차

(1) 신고납부
① 유상 : 그 취득한 날부터 ____ 이내
② 무상(상속은 제외) 및 부담부증여 : 취득일이 속하는 ____ 이내
③ 상속(실종) : 상속개시일(실종선고일)이 속하는 ____ 이내[외국 : ____ 이내]
④ 중과세율 적용대상과 부과대상 또는 추징대상 : ____ 이내 + 가산세 ____
⑤ 등기하거나 등록하려는 경우 : 등기·등록관서에 접수하는 날까지

(2) 기한 후 신고 : 법정신고기한까지 과세표준 신고서를 제출하지 아니한 자

(3) 납세지
① 부동산 소재지
② 납세지가 불분명 : ____
③ 둘 이상의 지방자치단체에 걸쳐 있는 경우 : ____

(4) 취득세의 면세점 : ____이 ____ 이하 + ____ 이내

(5) 보통징수와 가산세
① 보통징수 : 신고 등 의무를 다하지 아니한 경우 또는 일시적 2주택이 ____ 내에 종전 주택을 처분하지 못한 경우
② 시가인정액으로 신고한 후 경정하기 전에 수정신고한 경우 : 무신고가산세 및 과소신고가산세를 ____
③ 법인의 장부 등 작성과 보존의무 불이행에 대한 가산세 : ____
④ 신고를 하지 아니하고 매각하는 경우 : ____. 다만, 지목변경 등은 ____
⑤ 국가 등의 매각 통보 : 매각일부터 ____ 이내
⑥ 등기·등록관서의 장의 취득세 미납부 및 납부부족액에 대한 통보 : 다음 달 ____까지

등록에 대한 등록면허세

등록 : 다음의 등기나 등록은 포함

① 광업권·어업권 및 양식업권
② 외국인 소유 물건의 연부 취득
③ 취득세 ____이 경과한 물건
④ 취득세 ____에 해당하는 물건

납세의무자 : 등록을 하는 자(= 등기권리자)

① 전세권 설정등기 : ____
② 전세권 말소등기 : ____

등록면허세의 비과세

① 국가 등이 받는 등록. 다만, 대한민국 정부기관에 ____하는 외국정부는 ____
② 체납으로 인한 압류해제의 등기 등
③ 공무원의 착오로 지번 오기에 대한 경정
④ ____인 토지에 관한 등기

등록면허세의 과세표준과 세율

(1) 과세표준과 표준세율

구 분				과세표준	표준세율
소유권	보존등기			부동산가액	1천분의 □
	이전등기	유상	주택		취득세율 × 100분의 50
			주택 외		1천분의 □
		무상	상속		1천분의 □
			상속 외		1천분의 □
가등기		설정 이전		부동산가액 채권금액	1천분의 □
지상권				부동산가액	
경매신청 가압류 저당권 가처분				채권금액	
지역권				요역지가액	
전세권				전세금액	
임차권				월임대차금액	
말소등기, 지목변경 등				건당	□

(2) 과세표준과 표준세율 적용

① 등록 당시의 가액: 신고가액. 다만, 신고가 없거나 신고가액이 시가표준액보다 적은 경우에는 □

② 취득세 면세점 등에 해당하는 물건의 등기 또는 등록: □(취득세 부과제척기간이 경과한 물건은 □과 □ 중 □). 다만, 등록 당시에 자산재평가 또는 감가상각 등의 사유로 그 가액이 달라진 경우에는 □

③ 채권금액이 없을 때: 채권의 목적이 된 것의 가액 또는 처분의 제한의 목적이 된 금액

④ 산출세액이 □ 보다 적을 때에는 □으로 함

⑤ 조례로 □세율의 □의 범위에서 가감할 수 있음

(3) 중과세율: 표준세율의 □

① 중과세 대상: 대도시에서 법인 □, 지점이나 분사무소의 □, 대도시 밖에서 대도시로의 □

② 중과세 제외대상: 은행업, 할부금융업 등 대도시 중과 제외 업종

등록면허세의 납세절차

(1) 신고납부

① 등록을 하기 전까지(= 등기·등록관서에 접수하는 날까지)

② 중과세대상, 부과대상 또는 추징대상: □ 이내 + 가산세 □

③ 신고의무를 다하지 아니한 경우에도 등록을 하기 전까지 납부하였을 때: 신고를 하고 납부한 것으로 봄. 이 경우 무신고가산세 및 과소신고가산세를 □

등록면허세의 납세절차

(2) 납세지
① 부동산 소재지
② 납세지가 불분명: ______
③ 둘 이상에 걸쳐 있어 지방자치단체별로 부과할 수 없을 때: ______
④ 같은 채권의 담보를 위하여 설정하는 둘 이상의 저당권을 등록하는 경우: ______ 등록하는 ______
(3) 보통징수와 가산세
(4) 등기 · 등록관서의 장의 등록면허세 미납부 및 납부부족액에 대한 통보: 다음 달 ______까지

재산세

재산세의 납세의무자

① ______ 현재 ______
② 공유재산: ______(지분의 표시가 없으면 ______한 것으로 봄)
③ 주택의 건물과 부속토지의 소유자가 다를 경우: 산출세액을 ______ 비율로 안분
④ 소유권 변동신고 또는 종중소유임을 신고하지 아니한 경우: ______
⑤ 상속등기 × + 신고 ×: ______[상속지분이 가장 높은 사람 → 나이가 가장 많은 사람]
⑥ 국가 등 + 연부 + 사용권 무상: ______
⑦ ______ + 선수금 + ______: 사용권을 ______으로 받은 자
⑧ 수탁자 명의의 신탁재산: ______
⑨ 체비지 또는 보류지: ______
⑩ 항공기 또는 선박을 임차하여 수입하는 경우: 수입하는 자
⑪ 파산선고 이후 파산종결의 결정까지 파산재단에 속하는 재산의 경우: ______
⑫ 소유권 귀속이 분명하지 아니한 경우: ______

재산세 과세대상의 구분

(1) 공부상 등재 현황과 사실상의 현황이 다른 경우: 사실상 현황
(2) 주택: 토지와 건축물의 범위에서 주택은 ______
① 주택 부속토지의 경계가 명백하지 아니한 경우: 주택의 바닥면적의 ______
② 주거용과 주거 외의 용도를 겸하는 건물: 1동은 주거용 부분만, 1구는 ______ 이상이면 주택
③ 다가구주택: 구분된 부분을 ______

토지에 대한 재산세의 과세방법

(1) **농지[전 · 답 · 과수원]**
① 개인
㉠ 영농 ×: 종합합산과세대상
㉡ 영농 ○
ⓐ (   ), (   ), (   ), (   ): 분리과세대상
ⓑ ⓐ 외: 종합합산과세대상
② 법인 · 단체: 열거된 5가지[농업법인, 한국농어촌공사, 1990.5.31 이전 사회복지사업자, 매립 · 간척, 1990.5.31 이전 종중]는 분리과세대상, 그 외는 종합합산과세대상

(2) **목장용지**: (   ), (   )(1989.12.31 이전)에서 이내이면 분리과세대상이고 초과이면 종합합산과세대상, 그 외의 지역은 종합합산과세대상

(3) **임야**: 열거된 지정문화유산 안의 임야, 공원자연(   )지구의 임야, 1990.5.31 이전부터 종중이 소유하는 임야, 1990.5.31 이전부터 소유하는 상수원보호구역 임야 및 1989.12.31 이전부터 소유하는 개발제한구역의 임야 등은 분리과세대상, 그 외는 종합합산과세대상 등

(4) **공장용지 등**
① 초과이면 종합합산과세대상
② 이내이면 지역 확인: (   ), (   ), (   )은 분리과세대상, 그 외의 지역은 별도합산과세대상
③ 공장용지와 동일한 분리과세대상: 국방상 목적의 공장 구내의 토지, (   ), 여객자동차터미널 및 물류터미널용 토지, 공모부동산투자회사

(5) **회원제골프장용 토지와 고급오락장용 토지**: 분리과세대상

(6) **영업용 건축물의 부속토지 등**
① 이내는 별도합산과세대상, 초과는 종합합산과세대상
② 건축물(공장용 건축물은 제외)의 시가표준액이 토지의 (   )에 미달하는 토지 중 건축물 바닥면적을 (   )한 토지: 종합합산과세대상
③ 허가 등을 받지 아니한 또는 사용승인을 받지 아니한 건축물의 토지: 종합합산과세대상
④ 별도합산과세대상으로 보는 토지: 차고용 토지, 자동차운전학원용 토지, 스키장 및 골프장용 토지 중 (   )이 보전된 임야

재산세의 비과세

① (   )의 보유. 다만, 대한민국 재산에 (   )하는 외국정부는 (   )
② 국가 등이 (   ) 이상 (   ) 또는 (   )으로 사용하는 재산. 다만, (   ) 또는 (   )은 과세
③ 「도로법」에 따른 도로와 사설 도로. 다만, 휴게시설, 연구시설 등과 (   )는 과세
④ (   ), (   ), (   ), (   ), (   ). 다만, 특정인이 전용하는 (   )은 과세
⑤ (   )보호구역에 있는 토지. 다만, (   ) 및 (   )는 과세
⑥ 산림보호구역 및 채종림 · 시험림
⑦ 공원자연(   )지구의 임야
⑧ 백두대간보호지역의 임야
⑨ (   ) 미만 + 임시건축물. 다만, (   )은 과세
⑩ 철거명령을 받았거나 철거보상계약이 체결된 건축물 또는 주택. 다만, (   )는 과세

재산세의 과세표준

① 토지: 시가표준액[개별공시지가] × □의 공정시장가액비율
② 건축물: 시가표준액[결정한 가액] × □의 공정시장가액비율
③ 주택
　㉠ 시가표준액[단독은 개별주택가격 또는 공동은 공동주택가격] × □의 공정시장가액비율
　㉡ □의 과세표준이 □보다 큰 경우에는 □으로 함
④ 선박과 항공기: 시가표준액

재산세의 세율

(1) 표준세율

구 분			표준세율
토지	분리	농지(전 · 답 · 과수원), 목장용지, 임야	1천분의 □
		공장용지 등	1천분의 □
		회원제 골프장용 토지 고급오락장용 토지	1천분의 □
	종합합산		1천분의 □~1천분의 □
	별도합산		1천분의 □~1천분의 □
건축물	회원제 골프장, 고급오락장용 건축물		1천분의 □
	시(읍 · 면지역은 제외) 주거지역 등의 공장용 건축물		1천분의 □
	그 밖의 건축물		1천분의 □
주택	9억원 이하 + 1세대 1주택		1천분의 □~1천분의 □
	그 외		1천분의 □~1천분의 □
선박	고급선박		1천분의 □
	그 밖의 선박		1천분의 □
항공기			1천분의 □

(2) 세율의 적용 방법

① 토지에 대한 재산세
　㉠ 분리과세대상: 토지의 가액에 세율 적용
　㉡ 종합합산과세대상: 관할구역 + □ 금액에 세율 적용
　㉢ 별도합산과세대상: 관할구역 + □ 금액에 세율 적용
② 주택에 대한 재산세
　㉠ □로 세율 적용
　㉡ 주택을 2명 이상이 공동으로 소유하거나 토지와 건물의 소유자가 다를 경우: 토지와 건물의 가액을 □ 금액에 세율 적용
③ □세율: 조례로 □의 범위에서 가감할 수 있음. 다만, 가감한 세율은 □에만 적용

재산세의 납세절차

(1) 과세기준일과 납기

① 과세기준일: (　　)

② 납기

㉠ 토지: (　　)

㉡ 건축물: (　　)

㉢ 주택: 세액의 2분의 1은 (　　), 나머지 2분의 1은 (　　). 다만, 세액이 (　　)인 경우에는 조례로 정하는 바에 따라 납기를 (　　)로 하여 한꺼번에 부과·징수할 수 있음

㉣ 선박과 항공기 : 매년 7월 16일부터 7월 31일까지

(2) 징수방법

① 보통징수: 납기개시 (　　) 전까지 발급

② (　　)로 부과·징수할 수 (　　)

③ 소액징수면제: 세액이 (　　)

④ 납세지: 부동산 소재지

⑤ (　　)와 (　　)에 대한 세 부담의 상한: (　　)

⑥ 납부유예

㉠ (　　) + 그 납부기한 만료 (　　) 전까지 신청 + (　　) 제공

㉡ 납부유예 허가의 취소: 해당 주택을 타인에게 양도하거나 증여하는 경우 등

(3) 물납

① 물납의 요건과 물납대상: (　　) 초과 + 관할구역 부동산

② 물납의 신청: 납부기한 (　　) 전까지

③ 부동산 평가: (　　) 현재의 시가

(4) 분할납부

① 분할납부의 요건: (　　) 초과 + (　　) 이내

② 분할납부의 신청: (　　)

③ 분할납부세액

㉠ 납부할 세액이 500만원 이하인 경우: (　　)을 초과하는 금액

㉡ 납부할 세액이 500만원을 초과하는 경우: 그 세액의 (　　) 이하의 금액

종합부동산세

종합부동산세의 과세방법

구 분			납세의무자	공정시장가액비율	세부담 상한
주택	개인	2주택 이하	재산세의 납세의무자	(　　)	(　　)
		3주택 이상			
	법인	2주택 이하			없음 ((　　) 적용시)
		3주택 이상			
토지	종합합산		(　　) 초과	(　　)	(　　)
	별도합산		(　　) 초과		(　　)

종합부동산세 과세표준의 산정

(1) 주택
① 개인
㉠ 일반: (주택 공시가격 합계액 − □) × □의 공정시장가액비율
㉡ 단독소유 + 1세대 1주택 + 거주자: (주택 공시가격 합계액 − □) × □의 공정시장가액비율
② □세율이 적용되는 법인 또는 법인으로 보는 단체: 주택 공시가격 합계액 × □의 공정시장가액비율

(2) 토지
① 종합합산과세대상 토지: (종합합산 공시가격 합계액 − □) × □의 공정시장가액비율
② 별도합산과세대상 토지: (별도합산 공시가격 합계액 − □) × □의 공정시장가액비율

단독소유 + 1세대 1주택 + 거주자

(1) 과세표준 계산시 공제: □

(2) 세액공제: [①과 ②은 최대 □ 의 범위 내에서 중복 적용]
① 연령별 세액공제: 만 □ 이상인 자
㉠ 만 60세 이상 만 65세 미만: □
㉡ 만 65세 이상 만 70세 미만: □
㉢ 만 70세 이상: □
② 보유기간별 세액공제: □ 이상 보유한 자
㉠ 5년 이상 10년 미만: □
㉡ 10년 이상 15년 미만: □
㉢ 15년 이상: □

(3) 공동명의 1주택자의 납세의무 등에 관한 특례: 단독소유 1주택으로 신청할 수 있음

(4) 동거봉양 또는 혼인의 경우 각각 1세대로 보는 기간
① 동거봉양: □ 동안
② 혼인: □ 동안

종합부동산세의 세율

구 분			세 율
주택	개인	2주택 이하	1천분의 □~1천분의 □의 7단계 초과누진세율
		3주택 이상	1천분의 □~1천분의 □의 7단계 초과누진세율
	법인 (공익법인 등은 제외)	2주택 이하	1천분의 □
		3주택 이상	1천분의 □
토지	종합합산		1천분의 □~1천분의 □의 3단계 초과누진세율
	별도합산		1천분의 □~1천분의 □의 3단계 초과누진세율

이중과세 조정과 세율 적용시 주택 수의 계산 등

① 이중과세 조정
　㉠ [　　]로 부과된 세액은 공제
　㉡ 가감조정된 세율이 [　　] 세액, 세부담 상한을 [　　] 세액
② 세부담의 상한: 직전 연도 과세기준일 현재 소유한 것으로 보아 계산함
③ 세율 적용시 주택 수
　㉠ 공동소유주택: [　　]
　㉡ 다가구주택: 1주택
　㉢ 주택 수에 불포함: 합산배제 임대주택, 합산배제 [　　] 등

종합부동산세의 절차적 사항

(1) 과세기준일과 납기
① 과세기준일: [　　]
② 납기: [　　]

(2) 징수방법
① 관할세무서장의 결정: 납부기간 개시 [　　] 전까지 납부고지서 발부
② 다만, 선택적 신고납부: 이 경우 관할세무서장의 결정은 없었던 것으로 봄
③ 납세지: 개인은 「소득세법」 준용
　㉠ 거주자: [　　] → [　　]
　㉡ 비거주자: 국내사업장의 소재지 → 국내원천소득이 발생하는 장소 → [　　] 또는 [　　]의 소재지
④ 가산세: 무신고 [　　], 과소와 납부는 [　　]

(3) 분납
① 분납의 요건: [　　] 초과 + [　　] 이내
② 분납세액
　㉠ 납부하여야 할 세액이 250백만원 초과 500만원 이하: 해당 세액에서 [　　]을 차감한 금액
　㉡ 납부하여야 할 세액이 500만원을 초과: 해당 세액의 [　　] 이하의 금액
③ 분납의 신청: [　　]

소득세

소득세법 총설

① [　　]: 이자 + 배당 + 사업소득[부동산임대업과 사업적인 양도(건설업과 부동산매매업)] + 근로 + 연금 + 기타소득
② [　　]: 퇴직소득과 양도소득
③ 거주자: 국내에 [　　]를 두거나 [　　] 이상 거소 − [　　] + 국외소득(국외자산양도는 [　　] 이상)
④ 비거주자: [　　]

양도소득세의 과세대상: 국내소재로 가정

구 분		과세대상 여부
지상권		
지역권		
전세권		
등기되지 않은 부동산임차권		
조합원입주권과 분양권		
토지상환채권과 주택상환사채		
사업에 사용하는 토지와 분리되어 양도하는 영업권		
이축권	토지 또는 건물과 함께 양도하는 이축권	
	해당 이축권 가액을 별도로 평가하여 신고하는 경우	
골프회원권(관련 주식 포함)		
건설업과 부동산매매업		

양도로 보는 경우와 보지 않는 경우

구 분				양도 여부
현물출자				
대물변제				
이혼	위자료			
	재산분할			
수용				
부담부증여	일반	채무액		
		채무액을 제외한 부분		
	배우자 직계존비속	채무액	원칙	
			입증되는 경우	
		채무액을 제외한 부분		
환지처분으로 지목 또는 지번의 변경				
보류지로 충당				
양도담보	계약체결시			
	채무불이행			
신탁	설정 또는 해지			
	위탁자의 지배를 벗어나는 경우			
공유물 분할	지분 변경 없음			
	지분 변경 있음			
매매원인 무효의 소				
경매·공매로 인하여 자기가 재취득				

1세대 1주택 양도의 비과세

(1) 1세대

① ______ 및 그 배우자. 부부가 각각 단독세대를 구성한 경우에도 ______

② 배우자가 없어도 1세대로 보는 경우: ______ 이상, ______하거나 ______, 기준 중위소득을 12개월로 환산한 금액의 ______ 이상

(2) **1주택**: 양도일 현재 국내에 1주택

① ______ 주거용으로 사용하는 건물

② 주택부수토지의 한도: 도시지역 밖은 ______, 도시지역 내 수도권 밖과 수도권 내 녹지지역은 ______, 그 외는 ______

③ 겸용주택

구 분	겸용주택의 판단	
	일반주택	고가주택
주택 연면적 > 주택 외 연면적	전부 주택	주택 부분만 주택
주택 연면적 ≤ 주택 외 연면적	주택 부분만 주택	주택 부분만 주택

④ 다가구주택: 구획된 부분을 ______ 하나의 주택. 다만, 하나의 매매단위로 하여 양도하는 경우에는 그 ______를 하나

⑤ 고가주택: 양도당시 ______의 합계액이 ______ 초과

⑥ 공동소유주택: 특별한 규정이 있는 것 외에는 ______

⑦ 1세대 2주택을 1주택으로 보는 경우

㉠ 수도권 밖: 사유가 해소된 날부터 ______ 이내

㉡ 동거봉양: 한 사람이 60세 이상 또는 요양급여는 60세 미만 + ______ 이내

㉢ 혼인: ______ 이내

㉣ 농어촌주택: 일반주택을 양도하는 경우. 귀농주택귀농주택(3년 이상 영농·영어)은 ______ 이내 일반주택 양도

㉤ 일시적인 2주택: 1년 이상이 지난 후 + ______ 이내

㉥ 상속: ______을 양도하는 경우

(3) **1세대 1주택의 경우로서 보유기간 및 거주기간의 제한을 받지 아니하는 경우**

① 건설임대주택 + 임차일부터 양도일까지 거주한 기간이 ______ 이상

② 사업인정 고시일 ______ 취득 + 수용

③ 해외이주 + 출국일부터 ______ 이내

④ ______ 이상 국외거주를 필요로 하는 취학 또는 ______ + 출국일부터 ______ 이내

⑤ 다른 시·군으로 취학, ______, 질병요양 + ______ 이상 거주

농지의 교환 또는 분합에 대한 비과세

① 농지의 범위: 논밭이나 과수원
② 비과세 요건: 쌍방 토지가액의 차액이 가액이 큰 편의 [ ] 이하
③ 경작상 필요: [ ] 이상 경작. 수용되는 경우에는 [ ] 이상 농지 소재지에 거주하면서 경작한 것으로 보며, 피상속인의 경작기간과 상속인의 경작기간을 통산

미등기양도자산(미등기양도 제외자산 아님)에 대한 제재

구 분	제재의 내용
비과세와 감면	배제
필요경비개산공제	등기 [ ](미등기는 [ ])
장기보유특별공제	배제
양도소득기본공제	배제
세율	[ ]

미등기양도제외 자산: 법령이 정하는 자산

① [ ]조건
② [ ]의 규정 또는 [ ]의 결정
③ 비과세대상 [ ]의 교환 또는 분합, 감면대상 자경농지 및 농지대토
④ 비과세요건을 충족한 [ ] 등
⑤ [ ]에 따른 취득등기를 하지 아니하고 양도하는 토지
⑥ [ ]에 따라 체비지를 양도

양도 또는 취득시기

① 대금을 청산한 날. 양수자가 부담하는 양도소득세 등은 [ ]
② 대금을 청산한 날이 불분명: 등기·등록접수일 또는 명의개서일
③ 대금을 청산하기 전 등기: 등기접수일
④ 장기할부조건: 소유권이전등기접수일·인도일 또는 사용수익일 중 [ ]
⑤ 자기가 건설한 건축물
   ㉠ 허가: 사용승인서 교부일과 사실상의 사용일 또는 임시사용승인을 받은 날 중 빠른 날
   ㉡ 무허가: [ ]
⑥ 상속: [ ]
⑦ 증여: [ ]
⑧ 점유: [ ]
⑨ 수용: 대금을 청산한 날, 수용의 개시일 또는 소유권이전등기접수일 중 [ ]. 다만, 소송으로 보상금이 공탁된 경우에는 소유권 관련 소송 판결 확정일
⑩ 대금을 청산한 날까지 완성 또는 확정되지 아니한 경우: [ ]
⑪ 환지처분: [ ]. 다만, 증감된 경우는 환지처분의 [ ]
⑫ 무효판결: [ ]

양도가액과 취득가액의 산정원리

① 양도가액을 ______에 따를 때에는 취득가액도 ______에 따름

② 추계순서

㉠ 양도가액 : ______ → ______ → ______

㉡ 취득가액 : ______ → ______ → ______ → ______

③ 용어의 정의

㉠ 매매사례가액과 감정가액 : ______ 이내

㉡ 환산취득가액 : 양도당시의 실지거래가액 등 × [취득당시의 ______ ／양도당시의 ______]

㉢ 기준시가

ⓐ 토지 : ______

ⓑ 단독주택 : ______

ⓒ 공동주택 : ______

ⓓ 부동산을 취득할 수 있는 권리 : 납입한 금액 + ______

㉣ 매매사례가액 또는 감정가액이 특수관계인과의 거래에 따른 가액 등으로서 객관적으로 부당하다고 인정되는 경우에는 해당 가액을 적용하지 아니함

④ 토지 또는 건물에 대한 필요경비개산공제액 : 취득당시 기준시가 × ______[미등기 : 취득당시 기준시가 × ______]

실지거래가액에 의한 필요경비 포함 여부

구 분		포함 여부
납부영수증이 없는 취득세		
상속세		
현재가치할인차금	원칙	
	필요경비 산입금액	
부당행위계산에 의한 시가초과액		
취득관련 소송비용	원칙	
	필요경비 산입금액	
이자상당액	약정이자	
	지급기일 지연이자	
감가상각비로 필요경비 산입금액		
지적공부상 면적 증가로 징수한 조정금		
수익적 지출액		
취득 후 소송비용	원칙	
	필요경비 산입금액	
용도변경 · 개량 또는 이용편의		
개발부담금과 재건축부담금		
양도소득세과세표준 신고서 작성비용		
공증비용, 인지대 및 소개비		
명도비용		
금융기관 매각차손을 한도로 국민주택채권 및 토지개발채권 매각차손		

장기보유특별공제

① 대상: □ 또는 □과 조합원입주권(조합원으로부터 취득한 것은 □)
② 보유기간: □ 이상
　㉠ 취득일부터 양도일까지
　㉡ 이월과세: □ 배우자 또는 직계존비속이 해당 자산을 취득한 날부터 기산
　㉢ 가업상속공제: □이 해당 자산을 취득한 날부터 기산
③ 공제액
　㉠ 일반적인 경우: □~□
　㉡ 1세대 1주택: □ 이상 보유기간 중 거주기간이 □ 이상
　　ⓐ 보유기간: □~□
　　ⓑ 거주기간: □~□
④ 공제방법: □로 각각 공제
⑤ 적용배제
　㉠ □(법령이 정하는 자산은 □)
　㉡ □

양도소득기본공제

① 대상: 각 호의 □로 각각 연 □
　㉠ □: □ 또는 □·□ 및 □에 따른 소득
　㉡ 제2호: 주식 등
　㉢ 제3호: 파생상품 등
　㉣ 제4호: 신탁 수익권
② □에서 먼저 공제하고, 감면 외에서는 □ 양도한 자산
③ 공유자산: 공유자 각각 공제
④ 적용배제: □(법령이 정하는 자산은 □)

양도소득금액계산의 특례

(1) 비과세요건을 충족한 고가주택 양도차익 등

① 고가주택 양도차익 = 양도차익 × [(양도가액 − □)/양도가액]
② 고가주택 장기보유특별공제액 = 장기보유특별공제액 × [(양도가액 − □)/양도가액]

(2) 부담부증여에 대한 양도가액 및 취득가액의 계산

① 부담부증여 양도가액 = 「상속세 및 증여세법」에 따라 평가한 가액 × (□)
② 부담부증여의 취득가액 = 취득당시 취득가액 × (□)

(3) 특수관계인간 고가양수 또는 저가양도의 부당행위계산 부인

시가와 거래가액의 차액이 □ 이상이거나 시가의 □에 상당하는 금액 이상인 경우 □로 계산

양도소득금액계산의 특례

(4) 배우자 또는 직계존비속으로부터 증여받은 자산에 대한 이월과세(= 양도소득의 필요경비 계산 특례)

① 수증자와의 관계: □(이혼은 □하고, 사망은 □) 또는 □
② 적용대상자산: 토지 또는 건물, 부동산을 취득할 수 있는 권리, 시설물이용권
③ 양도일까지의 기간: □ 이내
④ 납세의무자: □
⑤ 취득가액, 자본적지출액, 장기보유특별공제, 세율: □
⑥ 양도소득세 연대납세의무: □
⑦ 증여세: 양도차익 계산시 □에 산입
⑧ 적용 배제
　㉠ 소급하여 □ 이전 증여 + □된 경우
　㉡ 1세대 1주택 비과세를 적용받는 경우
　㉢ 이월과세 적용시 세액□ 이월과세 미적용시 세액

(5) 특수관계인간 증여 후 양도행위의 부인

① 수증자와의 관계: □(이월과세가 적용되는 배우자 및 직계존비속은 □)
② 양도일까지의 기간: □ 이내
③ 적용 요건: (수증자의 증여세 + 수증자의 양도소득세)□ 증여자가 직접 양도하는 경우로 보아 계산한 양도소득세
④ 납세의무자: □
⑤ 양도소득세 연대납세의무: □
⑥ 증여세: 부과를 취소하고 수증자에게 환급
⑦ 적용 배제: 양도소득이 해당 수증자에게 실질적으로 귀속된 경우

(6) 양도차손(= 결손금)의 공제

① 양도차손의 공제: 각 호의 □로 양도차손을 □에서 공제
　㉠ 토지 또는 건물·부동산에 관한 권리 및 기타자산에 따른 소득
　㉡ 주식등의 양도로 발생하는 소득
　㉢ 파생상품등의 거래 또는 행위로 발생하는 소득
　㉣ 신탁 수익권에 따른 소득
② 이월결손금의 공제: 이월공제는 받을 수 □

양도소득세의 세율: 토지 또는 건물 및 부동산에 관한 권리

(1) 일반적으로 적용되는 세율

① 미등기(법령이 정하는 자산은 제외): 100분의 □
② 등기

구 분	주택과 조합원입주권	분양권	그 외	비사업용토지
1년 미만	100분의 □	100분의 □	100분의 □	큰 세액
1년 이상 2년 미만	100분의 □	100분의 □	100분의 □	큰 세액
2년 이상	□%~□%	100분의 □	□%~□%	□%~□%

(2) 중복되는 경우: 양도소득 산출세액 중 □세액

(3) 세율 적용시 보유기간: 상속은 □이 취득한 날부터 기산

양도소득 과세표준 예정신고

구 분		예정신고기간
토지 또는 건물 부동산에 관한 권리 기타자산 신탁 수익권	일반	양도일이 속하는 [　　]
	토지거래계약허가 (대금청산 → 허가)	[　　](또는 [　　])이 속하는 [　　]
	부담부증여	양도일이 속하는 [　　]

양도소득세의 납세절차

(1) 예정신고
① 양도차익이 없거나 양도차손이 발생한 경우: [　　]
② 수시부과세액: [　　]하여 납부
③ 예정신고납부 이행: 세액공제 [　　], 불이행: [　　]

(2) 확정신고납부
① 다음연도 [　　]
② 예정신고를 한 자는 해당 소득에 대한 확정신고를 하지 아니할 수 있음
③ 다만, [　　]세율 자산에 대한 예정신고를 [　　] 이상 한 자가 [　　]하여 신고하지 아니한 경우: 확정신고를 하여야 함
④ 예정신고와 관련하여 무신고가산세가 부과되는 부분에 대해서는 확정신고와 관련하여 무신고가산세를 적용하지 아니함

(3) 납세지
① 거주자: [　　] → [　　]
② 비거주자: 국내사업장 소재지 → 국내원천소득이 발생하는 장소

(4) 분할납부
① 분할납부의 요건: [　　] 초과 + [　　] 이내
② 분할납부세액
　㉠ 납부할 세액이 2천만원 이하인 경우: [　　]을 초과하는 금액
　㉡ 납부할 세액이 2천만원을 초과하는 경우: 그 세액의 [　　] 이하의 금액
③ 분할납부의 신청: 예정신고기한 또는 확정신고기한까지

국외부동산양도에 대한 양도소득세

① 납세의무자: [　　] 이상
② 환차익을 양도소득의 범위에서 [　　]
③ 양도가액과 취득가액의 산정방법: [　　] → [　　]
④ 기준시가와 필요경비개산공제: [　　]
⑤ 장기보유특별공제는 [　　]
⑥ 양도소득기본공제는 [　　]
⑦ 세율: 6%~45%의 8단계 초과누진세율
⑧ 양도차익의 외화환산: 기준환율 또는 재정환율
⑨ 외국납부세액의 이중과세조정: [　　] 또는 [　　]

부동산임대업의 범위 등

① 지역권 · 지상권을 설정하거나 대여
　㉠ 공익사업과 관련 없음: [ ]소득
　㉡ 공익사업과 관련 있음: 기타소득
② 미등기 부동산 [ ]
③ 사업자등록 여부에 관계없이 [ ]
④ 공공요금 납부액의 초과금액: 총수입금액에 [ ]
⑤ 간주임대료를 계산하는 과정에서 차감하는 금융수익: [ ]와 [ ], [ ]
⑥ 결손금
　㉠ 주거용 건물 임대업: 종합소득 과세표준을 계산할 때 [ ]
　㉡ 주거용 건물 임대업 외: 종합소득 과세표준을 계산할 때 [ ]
⑦ 논 · 밭을 작물생산에 이용하게 하는 임대소득: [ ]

주거용 건물 임대업: 과세여부 판단

(1) 월세
① 1주택 소유
　㉠ 원칙: [ ]
　㉡ 예외: 과세
　　ⓐ [ ]주택: 과세기간 종료일 또는 양도일 현재 [ ] 초과
　　ⓑ [ ]주택
② 2주택 이상 소유: [ ]

(2) 보증금 등에 대한 간주임대료
① 1주택 소유: 비과세(= 총수입금액에 산입하지 아니함)
② 2주택 소유: 비과세(= 총수입금액에 산입하지 아니함)
③ [ ] 이상 소유: ([ ]제곱미터 이하 + 기준시가 [ ] 이하)는 [ ]
　㉠ 보증금 등의 합계액 3억원 이하: 비과세(= 총수입금액에 산입하지 아니함)
　㉡ 보증금 등의 합계액 [ ] 초과: [ ](= [ ])

부동산임대업 주택 수의 계산

구 분	주택 수의 계산
다가구주택	① 1개의 주택 ② 구분등기: [ ]을 1개의 주택
공동소유주택	① 원칙: 지분이 가장 큰 사람(2인 이상이면 귀속자로 정한 사람) ② 예외: 지분이 가장 큰 사람이 아니어도 [ ] ㉠ 수입금액이 연간 [ ] 이상 ㉡ [ ]을 초과 + [ ]을 초과하는 지분
전대하거나 전전세	[ ] 또는 [ ]
본인과 배우자	① [ ] ② 공동소유주택: 지분이 더 큰 사람

제2회

익힘장 익히기

01, 02월 기본이론강의

조세총론

물납과 분할납부

구 분			물납	분할납부
지방세	취득세			
	등록면허세			
	재산세(재산세 도시지역분 포함)			
	소방분 지역자원시설세(재산세를 분할납부하는 경우에만 해당)			
국세	종합부동산세			
	소득세	종합소득세		
		양도소득세		

징수금과 징수금의 징수 순위: 지방세기본법과 지방세징수법

① 지방자치단체의 징수금: □ 및 □를 말함

② 지방자치단체 징수금의 징수 순위: □ → □ → □

취득·보유 및 양도단계

구 분		취득	보유	양도
지방세	지방교육세			
	지방소득세			
국세	종합소득세			
	농어촌특별세			
	인지세			

납세의무의 성립시기

구 분		납세의무의 성립시기
취득세		과세물건을 □하는 때
등록에 대한 등록면허세		재산권과 그 밖의 권리를 □하거나 □하는 때
재산세		□ : □
지방교육세		□이 되는 세목의 납세의무가 □하는 때
지방소득세		□이 되는 소득에 대하여 □·법인세의 납세의무가 □하는 때
종합부동산세		□ : □
소득세	원칙	□이 끝나는 때
	중간예납	□이 끝나는 때
인지세		과세문서를 □
농어촌특별세		□의 납세의무가 □하는 때
수시부과		□할 사유가 발생한 때
가산세		법정신고기한이 □하는 때 등

납세의무의 확정 및 가산세

구 분		신고	가산세	결정	가산세
취득세					
등록에 대한 등록면허세					
재산세					
종합부동산세					
소득세	종합소득세				
	양도소득세				

납부의무의 소멸사유

① (　　)
② (　　)
③ (　　)가 (　　)되었을 때
④ (　　)의 (　　)이 만료되었을 때
⑤ (　　)의 (　　)가 완성되었을 때

지방세 부과의 제척기간

구 분			제척기간
납세자	사기 · 부정		
	무신고	① (　　) · (　　), (　　) (　　), (　　)	(　　)
		② ① 외의 경우	(　　)
그 밖의 경우			(　　)

조세징수권의 소멸시효

구 분		소멸시효
지방세	① 5천만원 이상	(　　)
	② ① 외	(　　)
국세	① 5억원 이상	(　　)
	② ① 외	(　　)

지방세의 가산세율

구 분	가산세율		
신고	무신고	일반	(　　)
		사기 · 부정	(　　)
	과소신고	일반	(　　)
		사기 · 부정	사기 · 부정 (　　) + 일반 (　　)
납부	① 신고납부: 법정납부기한의 다음 날부터 자진납부일 또는 납세고지일까지의 일수 × (　　) (　　)(납부하지 아니한 세액, 과소납부분 세액의 (　　) 한도) ② 납세고지서에 따른 납부기한 ㉠ 납부하지 아니한 세액 또는 과소납부분 세액 × (　　) ㉡ 납세고지서에 따른 납부기한이 지난 날부터 (　　)이 지날 때마다 (　　) (　　), 납세고지서별 · 세목별 세액이 (　　)은 배제)		

조세와 일반채권과의 관계

(1) 조세채권과 일반채권과의 배당순위

<table>
<tr><td rowspan="3">해당 재산에 대하여 부과된 조세:
( )
( )에 부가되는 지방교육세
( )
( ) 등</td><td>×</td><td colspan="3">( )</td></tr>
<tr><td rowspan="2">○</td><td rowspan="2">주택 전세권
등에 따른 채권</td><td>×</td><td>날짜 불문 ( )
(한도 있음)</td></tr>
<tr><td>○</td><td>( )</td></tr>
</table>

(2) 조세채권 사이의 배당순위: ( ) → ( ) → ( )

조세쟁송: 지방세의 불복청구

① 행정심판 전치주의: ( ) → ( )
② 행정심판: 심급구조
　㉠ 원칙적 ( ): 이의신청을 거친 후에 심판청구
　㉡ 선택적 ( ): 이의신청을 거치지 아니하고 바로 심판청구
③ 청구기한
　㉠ ( ) 이내
　㉡ 천재지변 등의 경우 그 사유가 소멸한 날부터 ( ) 이내 연장
④ ( )까지 공매처분을 보류할 수 있음

취득세

과점주주의 간주취득

① ( )을 ( )
② 취득으로 보지 아니하는 경우: ( ), ( ), 총주식의 비율에 변동이 없는 경우
③ 지분비율: 최초면 ( ), 증가된 경우에는 ( )

취득세 납세의무자 등

① 등기 등을 하지 아니한 경우라도 ( ): 소유자 또는 양수인
② 주체구조부 취득자 외의 자가 가설한 경우: ( )
③ 토지 지목변경 등: ( ). 이 경우 환지계획에 따라 공급되는 환지는 ( )이, 체비지 또는 보류지는 ( )가 각각 취득한 것으로 봄
④ 과점주주( )
⑤ 상속: ( ) ( )
⑥ 조합주택용 부동산: ( )
⑦ 차량 등을 임차하여 수입하는 경우: 수입하는 자
⑧ 택지공사가 준공된 토지에 정원 등을 조성·설치하는 경우: ( )의 소유자
⑨ 건축물을 건축하면서 그 건축물에 부수되는 정원 등을 조성·설치하는 경우: ( )을 취득하는 자
⑩ 신탁재산의 위탁자 지위의 이전이 있는 경우: ( )
⑪ 乙이 채권확보를 위하여 甲 소유의 미등기건물에 등기: ( )
⑫ 도시개발사업 등의 시행으로 부동산의 소유자가 환지계획 등에 따라 공급받는 경우 등: 건축물은 ( )취득, 토지의 경우에는 초과한 면적에 해당하는 부분에 한정하여 ( )취득

취득의 유형

(1) 배우자 또는 직계존비속의 취득
① 원칙: [ ]
② 유상: [ ](경매 포함), [ ], [ ], [ ](소득 증명, 소유재산 처분 또는 담보, 상속 또는 수증 재산) 등

(2) 부담부증여: 배우자 또는 직계존비속은 (1)을 준용
① [ ]: [ ]
② 채무액을 [ ]한 부분: [ ]

취득세의 비과세

① 국가 등의 취득. 다만, 대한민국 정부기관에 [ ]하는 외국정부는 [ ]
② 국가 등에 귀속 · 기부채납 부동산 및 사회기반시설. 다만, 타인에게 매각 · 증여, 무상사용권을 제공받는 경우 등은 과세
③ 신탁법에 따른 수탁자에게 이전, 위탁자에게 이전, 신수탁자에게 이전. 다만, 조합 등은 과세
④ 「징발재산」 또는 「국가보위」에 따른 [ ]
⑤ 1년 이하 + 임시건축물. 다만, [ ]은 과세
⑥ [ ] + 개수 + [ ]. 다만, [ ]은 과세

취득의 시기

① 유상
㉠ [ ][사실상의 잔금지급일을 확인할 수 있는 자료를 제출하지 않는 경우: [ ](명시되지 않은 경우: 계약일부터 [ ]이 경과한 날)]과 [ ] 또는 등록일 중 [ ]
㉡ 계약해제: 해당 취득물건을 [ ] 취득일부터 [ ]에 계약이 해제된 사실이 입증되는 경우에는 취득한 것으로 보지 않음
② 연부: [ ]의 연부금지급일과 등기일 또는 등록일 중 빠른 날
③ 무상
㉠ 상속 또는 유증: [ ] 또는 [ ]개시일
㉡ 증여 등 무상취득: [ ]과 [ ] 또는 등록일 중 [ ]
㉢ 계약해제: 해당 취득물건을 [ ] 취득일이 속하는 [ ]에 계약이 해제된 사실이 입증되는 경우에는 취득한 것으로 보지 않음
④ 건축 · 개수: 사용승인서를 내주는 날(임시사용승인일, 무허가는 사실상 사용이 가능한 날)과 사실상의 사용일 중 빠른 날
⑤ 조합원에게 귀속되지 아니하는 토지
㉠ 주택조합: [ ]
㉡ 재건축조합 등: [ ]
⑥ 매립 · 간척: 공사준공인가일. 다만, 공사준공인가일 전에 승낙 등을 받은 경우는 사용승낙일 · 허가일 또는 사실상 사용일 중 빠른 날
⑦ 토지의 지목변경: [ ] 변경된 날과 [ ] 변경된 날 중 [ ]. 다만, 지목변경일 이전에 사용하는 부분은 [ ]
⑧ 점유: [ ] 또는 [ ]
⑨ 이혼시 재산분할: [ ] 또는 [ ]

취득세의 과세표준

(1) 취득당시가액: 연부취득은 ______(매회 사실상 지급되는 금액, 계약보증금 포함)

① 유상승계취득: 매매 또는 교환 등
　㉠ 원칙: ______
　㉠ 부당행위계산: ______을 취득당시가액으로 결정할 수 있음
② 무상: ______. 다만, 상속은 ______
③ 부담부증여: 채무부담액은 ______취득에서의 과세표준을 적용, ______에서 채무부담액을 뺀 잔액은 ______취득에서의 과세표준을 적용
④ 원시취득과 개수: ______. 다만, 법인이 아닌 자가 건축물을 건축하여 취득하는 경우로서 사실상취득가격을 확인할 수 없는 경우에는 ______
⑤ 토지의 지목을 사실상 변경한 경우: 그 변경으로 증가한 가액에 해당하는 ______. 다만, 법인이 아닌 자의 사실상취득가격을 확인할 수 없는 경우에는 지목변경 이후의 토지에 대한 ______에서 지목변경 전의 토지에 대한 ______을 뺀 가액

(2) 사실상취득가격의 범위

구 분		포함 여부	
		법인	개인
직접비용	계약금, 중도금, 잔금		
간접비용	건설자금이자		
	할부·연부이자 및 연체료		
	의무		
	필요		
	약정		
	채권 매각차손(금융회사 한도)		
	중개보수		
	설치비용		
	판매		
	전기·가스·열		
	별개		
	부가가치세		
할인금액			

(3) 시가인정액의 산정: 취득일 전 ______부터 취득일 후 ______ 이내의 기간

① 매매: 거래가액. 다만, 부당은 제외
② 감정가액: 감정가액의 평균액
③ 경매 또는 공매: 경매가액 또는 공매가액

취득세의 세율

(1) 취득세의 표준세율

취득 원인			표준세율
유상	주택	6억원 이하	1천분의 □
		6억원 초과 9억원 이하	[(취득가액 × 2/3억원) − 3] × 1/100
		9억원 초과	1천분의 □
	농지		1천분의 □
	그 이외 부동산		1천분의 □
상속	농지		1천분의 □
	농지 이외 부동산		1천분의 □
상속 이외	비영리사업자		1천분의 □
	비영리사업자 외		1천분의 □
원시			1천분의 □
공유물의 분할 등(본인 지분 초과 부분은 제외)			1천분의 □
합유물 및 총유물의 분할			1천분의 □

(2) 표준세율 적용시 유의사항

① 조례로 □세율의 □의 범위에서 가감할 수 있음
② 교환: □승계취득의 세율을 적용
③ 건축[신축과 재축은 제외]또는 개수로 인하여 건축물 면적이 증가할 때 □: □취득으로 보아 세율 적용
④ 둘 이상의 세율: □ 세율을 적용
⑤ 부동산이 공유물: 그 취득지분의 가액을 과세표준으로 하여 각각의 세율을 적용
⑥ 주택을 신축 또는 증축한 이후 해당 주거용 건축물의 소유자가 해당 주택의 부속토지를 취득하는 경우: 유상거래를 원인으로 하는 주택 취득의 세율을 □
⑦ 법인이 합병 또는 분할에 따라 부동산을 취득하는 경우: □거래에 따른 농지는 1천분의 □, 농지 외의 것은 1천분의 □

(3) 주택 취득 등 중과세율 적용시 주택 수 판단

구 분		주택 수 포함 여부
주택의 공유지분		
주택의 부속토지		
신탁법에 따라 신탁된 주택	위탁자	
	수탁자	
조합원입주권		
주택분양권		
주택으로 과세하는 오피스텔		

⑷ 사치성 재산 등에 대한 중과세율

① 사치성 재산[회원제 골프장, 고급오락장, 고급선박, 고급주택]: 표준세율 + 중과기준세율의 [　　　]
　㉠ 토지의 경계가 명확하지 아니할 때: 건축물 바닥면적의 [　　]
　㉡ 중과에서 제외되는 용도변경공사: [　　][상속은 상속개시일이 속하는 달의 말일부터 [　　](외국 [　　])]
② 과밀억제권역: 본점(영리법인)·주사무소(비영리법인) + 공장
③ 대도시: 법인의 설립, 지점 등의 설치, 대도시로 전입에 따른 부동산
　㉠ 휴면법인 인수 포함
　㉡ 중과제외대상: 은행업, 할부금융업 등 대도시 중과 제외 업종 부동산

⑸ 취득세 세율의 특례: 중과기준세율 = 1천분의 20

구 분		세율의 특례	
		표준세율 − 중과기준세율	중과기준세율
환매등기			
상속	1가구 1주택 및 그 부속토지		
	감면대상 농지		
합병			
공유물 등의 분할	본인 지분		
	본인 지분 초과		
건축물의 이전	종전 가액		
	종전 가액 초과		
이혼	재산분할		
	위자료		
입목			
개수	종전 면적		
	종전 면적 증가		
지목변경			
과점주주			
묘지			
임시건축물	1년 초과		
	1년 이하		
등록면허세에서 보존·이전등기			
정원 등의 조성·설치			

취득세의 납세절차

(1) 신고납부
① 유상: 그 취득한 날부터 [   ] 이내
② 무상(상속은 제외) 및 부담부증여: 취득일이 속하는 [   ] 이내
③ 상속(실종): 상속개시일(실종선고일)이 속하는 [   ] 이내[외국: [   ] 이내]
④ 중과세율 적용대상과 부과대상 또는 추징대상: [   ] 이내 + 가산세 [   ]
⑤ 등기하거나 등록하려는 경우: 등기·등록관서에 접수하는 날까지

(2) 기한 후 신고: 법정신고기한까지 과세표준 신고서를 제출하지 아니한 자

(3) 납세지
① 부동산 소재지
② 납세지가 불분명: [   ]
③ 둘 이상의 지방자치단체에 걸쳐 있는 경우: [   ]

(4) 취득세의 면세점: [   ]이 [   ] 이하 + [   ] 이내

(5) 보통징수와 가산세
① 보통징수: 신고 등 의무를 다하지 아니한 경우 또는 일시적 2주택이 [   ] 내에 종전 주택을 처분하지 못한 경우
② 시가인정액으로 신고한 후 경정하기 전에 수정신고한 경우: 무신고가산세 및 과소신고가산세를 [   ]
③ 법인의 장부 등 작성과 보존의무 불이행에 대한 가산세: [   ]
④ 신고를 하지 아니하고 매각하는 경우: [   ]. 다만, 지목변경 등은 [   ]
⑤ 국가 등의 매각 통보: 매각일부터 [   ] 이내
⑥ 등기·등록관서의 장의 취득세 미납부 및 납부부족액에 대한 통보: 다음 달 [   ]까지

등록에 대한 등록면허세

등록: 다음의 등기나 등록은 포함

① 광업권·어업권 및 양식업권
② 외국인 소유 물건의 연부 취득
③ 취득세 [   ]이 경과한 물건
④ 취득세 [   ]에 해당하는 물건

납세의무자: 등록을 하는 자(= 등기권리자)

① 전세권 설정등기: [   ]
② 전세권 말소등기: [   ]

등록면허세의 비과세

① 국가 등이 받는 등록. 다만, 대한민국 정부기관에 [   ]하는 외국정부는 [   ]
② 체납으로 인한 압류해제의 등기 등
③ 공무원의 착오로 지번 오기에 대한 경정
④ [   ]인 토지에 관한 등기

등록면허세의 과세표준과 세율

(1) 과세표준과 표준세율

구 분				과세표준	표준세율
소유권	보존등기			부동산가액	1천분의 □
	이전등기	유상	주택		취득세율 × 100분의 50
			주택 외		1천분의 □
		무상	상속		1천분의 □
			상속 외		1천분의 □
가등기		설정 이전		부동산가액 채권금액	1천분의 □
지상권				부동산가액	
경매신청 가압류 저당권 가처분				채권금액	
지역권				요역지가액	
전세권				전세금액	
임차권				월임대차금액	
말소등기, 지목변경 등				건당	□

(2) 과세표준과 표준세율 적용

① 등록 당시의 가액: 신고가액. 다만, 신고가 없거나 신고가액이 시가표준액보다 적은 경우에는 □ □

② 취득세 면세점 등에 해당하는 물건의 등기 또는 등록: □(취득세 부과제척기간이 경과한 물건은 □과 □ 중 □). 다만, 등록 당시에 자산재평가 또는 감가상각 등의 사유로 그 가액이 달라진 경우에는 □

③ 채권금액이 없을 때: 채권의 목적이 된 것의 가액 또는 처분의 제한의 목적이 된 금액

④ 산출세액이 □ 보다 적을 때에는 □으로 함

⑤ 조례로 □세율의 □의 범위에서 가감할 수 있음

(3) 중과세율: 표준세율의 □

① 중과세 대상: 대도시에서 법인 □, 지점이나 분사무소의 □, 대도시 밖에서 대도시로의 □

② 중과세 제외대상: 은행업, 할부금융업 등 대도시 중과 제외 업종

등록면허세의 납세절차

(1) 신고납부

① 등록을 하기 전까지(= 등기·등록관서에 접수하는 날까지)

② 중과세대상, 부과대상 또는 추징대상: □ 이내 + 가산세 □

③ 신고의무를 다하지 아니한 경우에도 등록을 하기 전까지 납부하였을 때: 신고를 하고 납부한 것으로 봄. 이 경우 무신고가산세 및 과소신고가산세를 □

등록면허세의 납세절차

⑵ 납세지
① 부동산 소재지
② 납세지가 불분명: [ ]
③ 둘 이상에 걸쳐 있어 지방자치단체별로 부과할 수 없을 때: [ ]
④ 같은 채권의 담보를 위하여 설정하는 둘 이상의 저당권을 등록하는 경우: [ ] 등록하는 [ ] [ ]

⑶ 보통징수와 가산세
⑷ 등기 · 등록관서의 장의 등록면허세 미납부 및 납부부족액에 대한 통보: 다음 달 [ ]까지

재산세

재산세의 납세의무자

① [ ] 현재 [ ]
② 공유재산: [ ](지분의 표시가 없으면 [ ]한 것으로 봄)
③ 주택의 건물과 부속토지의 소유자가 다를 경우: 산출세액을 [ ] 비율로 안분
④ 소유권 변동신고 또는 종중소유임을 신고하지 아니한 경우: [ ]
⑤ 상속등기 × + 신고 ×: [ ][상속지분이 가장 높은 사람 → 나이가 가장 많은 사람]
⑥ 국가 등 + 연부 + 사용권 무상: [ ]
⑦ [ ] + 선수금 + [ ]: 사용권을 [ ]으로 받은 자
⑧ 수탁자 명의의 신탁재산: [ ]
⑨ 체비지 또는 보류지: [ ]
⑩ 항공기 또는 선박을 임차하여 수입하는 경우: 수입하는 자
⑪ 파산선고 이후 파산종결의 결정까지 파산재단에 속하는 재산의 경우: [ ]
⑫ 소유권 귀속이 분명하지 아니한 경우: [ ]

재산세 과세대상의 구분

⑴ 공부상 등재 현황과 사실상의 현황이 다른 경우: 사실상 현황

⑵ 주택: 토지와 건축물의 범위에서 주택은 [ ]
① 주택 부속토지의 경계가 명백하지 아니한 경우: 주택의 바닥면적의 [ ]
② 주거용과 주거 외의 용도를 겸하는 건물: 1동은 주거용 부분만, 1구는 [ ] 이상이면 주택
③ 다가구주택: 구분된 부분을 [ ]

토지에 대한 재산세의 과세방법

(1) 농지[전 · 답 · 과수원]

① 개인

㉠ 영농 ×: 종합합산과세대상

㉡ 영농 ○

ⓐ [   ], [   ], [   ], [   ]: 분리과세대상

ⓑ ⓐ 외: 종합합산과세대상

② 법인 · 단체: 열거된 5가지[농업법인, 한국농어촌공사, 1990.5.31 이전 사회복지사업자, 매립 · 간척, 1990.5.31 이전 종중]는 분리과세대상, 그 외는 종합합산과세대상

(2) 목장용지: [   ], [   ](1989.12.31 이전)에서 이내이면 분리과세대상이고 초과이면 종합합산과세대상, 그 외의 지역은 종합합산과세대상

(3) 임야: 열거된 지정문화유산 안의 임야, 공원자연[   ]지구의 임야, 1990.5.31 이전부터 종중이 소유하는 임야, 1990.5.31 이전부터 소유하는 상수원보호구역 임야 및 1989.12.31 이전부터 소유하는 개발제한구역의 임야 등은 분리과세대상, 그 외는 종합합산과세대상 등

(4) 공장용지 등

① 초과이면 종합합산과세대상

② 이내이면 지역 확인: [   ], [   ], [   ]은 분리과세대상, 그 외의 지역은 별도합산과세대상

③ 공장용지와 동일한 분리과세대상: 국방상 목적의 공장 구내의 토지, [   ], 여객자동차터미널 및 물류터미널용 토지, 공모부동산투자회사

(5) 회원제골프장용 토지와 고급오락장용 토지: 분리과세대상

(6) 영업용 건축물의 부속토지 등

① 이내는 별도합산과세대상, 초과는 종합합산과세대상

② 건축물(공장용 건축물은 제외)의 시가표준액이 토지의 [   ]에 미달하는 토지 중 건축물 바닥면적을 [   ]한 토지: 종합합산과세대상

③ 허가 등을 받지 아니한 또는 사용승인을 받지 아니한 건축물의 토지: 종합합산과세대상

④ 별도합산과세대상으로 보는 토지: 차고용 토지, 자동차운전학원용 토지, 스키장 및 골프장용 토지 중 [   ]이 보전된 임야

재산세의 비과세

① [   ]의 보유. 다만, 대한민국 재산에 [   ]하는 외국정부는 [   ]

② 국가 등이 [   ] 이상 [   ] 또는 [   ]으로 사용하는 재산. 다만, [   ] 또는 [   ]은 과세

③ 「도로법」에 따른 도로와 사설 도로. 다만, 휴게시설, 연구시설 등과 [   ]는 과세

④ [   ], [   ], [   ], [   ], [   ]. 다만, 특정인이 전용하는 [   ]은 과세

⑤ [   ]보호구역에 있는 토지. 다만, [   ] 및 [   ]는 과세

⑥ 산림보호구역 및 채종림 · 시험림

⑦ 공원자연[   ]지구의 임야

⑧ 백두대간보호지역의 임야

⑨ [   ] 미만 + 임시건축물. 다만, [   ]은 과세

⑩ 철거명령을 받았거나 철거보상계약이 체결된 건축물 또는 주택. 다만, [   ]는 과세

재산세의 과세표준

① 토지: 시가표준액[개별공시지가] × [   ]의 공정시장가액비율
② 건축물: 시가표준액[결정한 가액] × [   ]의 공정시장가액비율
③ 주택
  ㉠ 시가표준액[단독은 개별주택가격 또는 공동은 공동주택가격] × [   ]의 공정시장가액비율
  ㉡ [ ]의 과세표준이 [   ]보다 큰 경우에는 [   ]으로 함
④ 선박과 항공기: 시가표준액

재산세의 세율

(1) 표준세율

구 분			표준세율
토지	분리	농지(전 · 답 · 과수원), 목장용지, 임야	1천분의 [ ]
		공장용지 등	1천분의 [ ]
		회원제 골프장용 토지 고급오락장용 토지	1천분의 [ ]
	종합합산		1천분의 [ ]~1천분의 [ ]
	별도합산		1천분의 [ ]~1천분의 [ ]
건축물	회원제 골프장, 고급오락장용 건축물		1천분의 [ ]
	시(읍 · 면지역은 제외) 주거지역 등의 공장용 건축물		1천분의 [ ]
	그 밖의 건축물		1천분의 [ ]
주택	9억원 이하 + 1세대 1주택		1천분의 [ ]~1천분의 [ ]
	그 외		1천분의 [ ]~1천분의 [ ]
선박	고급선박		1천분의 [ ]
	그 밖의 선박		1천분의 [ ]
항공기			1천분의 [ ]

(2) 세율의 적용 방법

① 토지에 대한 재산세
  ㉠ 분리과세대상: 토지의 가액에 세율 적용
  ㉡ 종합합산과세대상: 관할구역 + [ ] 금액에 세율 적용
  ㉢ 별도합산과세대상: 관할구역 + [ ] 금액에 세율 적용
② 주택에 대한 재산세
  ㉠ [   ]로 세율 적용
  ㉡ 주택을 2명 이상이 공동으로 소유하거나 토지와 건물의 소유자가 다를 경우: 토지와 건물의 가액을 [   ] 금액에 세율 적용
③ [ ]세율: 조례로 [   ]의 범위에서 가감할 수 있음. 다만, 가감한 세율은 [   ]에만 적용

재산세의 납세절차

(1) 과세기준일과 납기
① 과세기준일: (　　　)
② 납기
㉠ 토지: (　　　)
㉡ 건축물: (　　　)
㉢ 주택: 세액의 2분의 1은 (　　　), 나머지 2분의 1은 (　　　). 다만, 세액이 (　　　)인 경우에는 조례로 정하는 바에 따라 납기를 (　　　)로 하여 한꺼번에 부과·징수할 수 있음
㉣ 선박과 항공기 : 매년 7월 16일부터 7월 31일까지

(2) 징수방법
① 보통징수: 납기개시 (　　) 전까지 발급
② (　　)로 부과·징수할 수 (　　)
③ 소액징수면제: 세액이 (　　　)
④ 납세지: 부동산 소재지
⑤ (　　)와 (　　)에 대한 세 부담의 상한: (　　　)
⑥ 납부유예
㉠ (　　　) + 그 납부기한 만료 (　　) 전까지 신청 + (　　) 제공
㉡ 납부유예 허가의 취소: 해당 주택을 타인에게 양도하거나 증여하는 경우 등

(3) 물납
① 물납의 요건과 물납대상: (　　　) 초과 + 관할구역 부동산
② 물납의 신청: 납부기한 (　　) 전까지
③ 부동산 평가: (　　　) 현재의 시가

(4) 분할납부
① 분할납부의 요건: (　　　) 초과 + (　　　) 이내
② 분할납부의 신청: (　　　)
③ 분할납부세액
㉠ 납부할 세액이 500만원 이하인 경우: (　　　)을 초과하는 금액
㉡ 납부할 세액이 500만원을 초과하는 경우: 그 세액의 (　　　) 이하의 금액

종합부동산세

종합부동산세의 과세방법

구 분			납세의무자	공정시장가액비율	세부담 상한
주택	개인	2주택 이하	재산세의 납세의무자	(　　　)	(　　　)
		3주택 이상			
	법인	2주택 이하			없음 ((　　　) 적용시)
		3주택 이상			
토지	종합합산		(　　) 초과	(　　　)	(　　　)
	별도합산		(　　) 초과		(　　　)

종합부동산세 과세표준의 산정

(1) 주택

① 개인

㉠ 일반: (주택 공시가격 합계액 − □) × □의 공정시장가액비율

㉡ 단독소유 + 1세대 1주택 + 거주자: (주택 공시가격 합계액 − □) × □의 공정시장가액비율

② □세율이 적용되는 법인 또는 법인으로 보는 단체: 주택 공시가격 합계액 × □의 공정시장가액비율

(2) 토지

① 종합합산과세대상 토지: (종합합산 공시가격 합계액 − □) × □의 공정시장가액비율

② 별도합산과세대상 토지: (별도합산 공시가격 합계액 − □) × □의 공정시장가액비율

단독소유 + 1세대 1주택 + 거주자

(1) 과세표준 계산시 공제: □

(2) 세액공제: [①과 ②은 최대 □ 의 범위 내에서 중복 적용]

① 연령별 세액공제: 만 □ 이상인 자

㉠ 만 60세 이상 만 65세 미만: □

㉡ 만 65세 이상 만 70세 미만: □

㉢ 만 70세 이상: □

② 보유기간별 세액공제: □ 이상 보유한 자

㉠ 5년 이상 10년 미만: □

㉡ 10년 이상 15년 미만: □

㉢ 15년 이상: □

(3) 공동명의 1주택자의 납세의무 등에 관한 특례: 단독소유 1주택으로 신청할 수 있음

(4) 동거봉양 또는 혼인의 경우 각각 1세대로 보는 기간

① 동거봉양: □ 동안

② 혼인: □ 동안

종합부동산세의 세율

구 분			세 율
주택	개인	2주택 이하	1천분의 □~1천분의 □의 7단계 초과누진세율
		3주택 이상	1천분의 □~1천분의 □의 7단계 초과누진세율
	법인 (공익법인 등은 제외)	2주택 이하	1천분의 □
		3주택 이상	1천분의 □
토지	종합합산		1천분의 □~1천분의 □의 3단계 초과누진세율
	별도합산		1천분의 □~1천분의 □의 3단계 초과누진세율

이중과세 조정과 세율 적용시 주택 수의 계산 등

① 이중과세 조정
  ㉠ (　　)로 부과된 세액은 공제
  ㉡ 가감조정된 세율이 (　　) 세액, 세부담 상한을 (　　) 세액
② 세부담의 상한: 직전 연도 과세기준일 현재 소유한 것으로 보아 계산함
③ 세율 적용시 주택 수
  ㉠ 공동소유주택: (　　)
  ㉡ 다가구주택: 1주택
  ㉢ 주택 수에 불포함: 합산배제 임대주택, 합산배제 (　　) 등

종합부동산세의 절차적 사항

(1) 과세기준일과 납기
① 과세기준일: (　　)
② 납기: (　　)

(2) 징수방법
① 관할세무서장의 결정: 납부기간 개시 (　　) 전까지 납부고지서 발부
② 다만, 선택적 신고납부: 이 경우 관할세무서장의 결정은 없었던 것으로 봄
③ 납세지: 개인은 「소득세법」 준용
  ㉠ 거주자: (　　) → (　　)
  ㉡ 비거주자: 국내사업장의 소재지 → 국내원천소득이 발생하는 장소 → (　　) 또는 (　　)의 소재지
④ 가산세: 무신고 (　　), 과소와 납부는 (　　)

(3) 분납
① 분납의 요건: (　　) 초과 + (　　) 이내
② 분납세액
  ㉠ 납부하여야 할 세액이 250백만원 초과 500만원 이하: 해당 세액에서 (　　)을 차감한 금액
  ㉡ 납부하여야 할 세액이 500만원을 초과: 해당 세액의 (　　) 이하의 금액
③ 분납의 신청: (　　)

소득세

소득세법 총설

① (　　): 이자 + 배당 + 사업소득[부동산임대업과 사업적인 양도(건설업과 부동산매매업)] + 근로 + 연금 + 기타소득
② (　　): 퇴직소득과 양도소득
③ 거주자: 국내에 (　　)를 두거나 (　　) 이상 거소 – (　　) + 국외소득(국외자산양도는 (　　) 이상)
④ 비거주자: (　　)

양도소득세의 과세대상: 국내소재로 가정

구 분		과세대상 여부
지상권		
지역권		
전세권		
등기되지 않은 부동산임차권		
조합원입주권과 분양권		
토지상환채권과 주택상환사채		
사업에 사용하는 토지와 분리되어 양도하는 영업권		
이축권	토지 또는 건물과 함께 양도하는 이축권	
	해당 이축권 가액을 별도로 평가하여 신고하는 경우	
골프회원권(관련 주식 포함)		
건설업과 부동산매매업		

양도로 보는 경우와 보지 않는 경우

구 분				양도 여부
현물출자				
대물변제				
이혼	위자료			
	재산분할			
수용				
부담부증여	일반	채무액		
		채무액을 제외한 부분		
	배우자 직계존비속	채무액	원칙	
			입증되는 경우	
		채무액을 제외한 부분		
환지처분으로 지목 또는 지번의 변경				
보류지로 충당				
양도담보	계약체결시			
	채무불이행			
신탁	설정 또는 해지			
	위탁자의 지배를 벗어나는 경우			
공유물 분할	지분 변경 없음			
	지분 변경 있음			
매매원인 무효의 소				
경매·공매로 인하여 자기가 재취득				

1세대 1주택 양도의 비과세

(1) 1세대

① □ 및 그 배우자. 부부가 각각 단독세대를 구성한 경우에도 □

② 배우자가 없어도 1세대로 보는 경우: □ 이상, □하거나 □, 기준 중위소득을 12개월로 환산한 금액의 □ 이상

(2) 1주택: 양도일 현재 국내에 1주택

① □ 주거용으로 사용하는 건물

② 주택부수토지의 한도: 도시지역 밖은 □, 도시지역 내 수도권 밖과 수도권 내 녹지지역은 □, 그 외는 □

③ 겸용주택

구 분	겸용주택의 판단	
	일반주택	고가주택
주택 연면적 > 주택 외 연면적	전부 주택	주택 부분만 주택
주택 연면적 ≦ 주택 외 연면적	주택 부분만 주택	주택 부분만 주택

④ 다가구주택: 구획된 부분을 □ 하나의 주택. 다만, 하나의 매매단위로 하여 양도하는 경우에는 그 □를 하나

⑤ 고가주택: 양도당시 □의 합계액이 □ 초과

⑥ 공동소유주택: 특별한 규정이 있는 것 외에는 □

⑦ 1세대 2주택을 1주택으로 보는 경우

㉠ 수도권 밖: 사유가 해소된 날부터 □ 이내

㉡ 동거봉양: 한 사람이 60세 이상 또는 요양급여는 60세 미만 + □ 이내

㉢ 혼인: □ 이내

㉣ 농어촌주택: 일반주택을 양도하는 경우. 귀농주택귀농주택(3년 이상 영농 · 영어)은 □ 이내 일반주택 양도

㉤ 일시적인 2주택: 1년 이상이 지난 후 + □ 이내

㉥ 상속: □을 양도하는 경우

(3) 1세대 1주택의 경우로서 보유기간 및 거주기간의 제한을 받지 아니하는 경우

① 건설임대주택 + 임차일부터 양도일까지 거주한 기간이 □ 이상

② 사업인정 고시일 □ 취득 + 수용

③ 해외이주 + 출국일부터 □ 이내

④ □ 이상 국외거주를 필요로 하는 취학 또는 □ + 출국일부터 □ 이내

⑤ 다른 시 · 군으로 취학, □, 질병요양 + □ 이상 거주

농지의 교환 또는 분합에 대한 비과세

① 농지의 범위: 논밭이나 과수원
② 비과세 요건: 쌍방 토지가액의 차액이 가액이 큰 편의 □ 이하
③ 경작상 필요: □ 이상 경작. 수용되는 경우에는 □ 이상 농지 소재지에 거주하면서 경작한 것으로 보며, 피상속인의 경작기간과 상속인의 경작기간을 통산

미등기양도자산(미등기양도 제외자산 아님)에 대한 제재

구 분	제재의 내용
비과세와 감면	배제
필요경비개산공제	등기 □(미등기는 □)
장기보유특별공제	배제
양도소득기본공제	배제
세율	□

미등기양도제외 자산: 법령이 정하는 자산

① □조건
② □의 규정 또는 □의 결정
③ 비과세대상 □의 교환 또는 분합, 감면대상 자경농지 및 농지대토
④ 비과세요건을 충족한 □ 등
⑤ □에 따른 취득등기를 하지 아니하고 양도하는 토지
⑥ □에 따라 체비지를 양도

양도 또는 취득시기

① 대금을 청산한 날. 양수자가 부담하는 양도소득세 등은 □
② 대금을 청산한 날이 불분명: 등기·등록접수일 또는 명의개서일
③ 대금을 청산하기 전 등기: 등기접수일
④ 장기할부조건: 소유권이전등기접수일·인도일 또는 사용수익일 중 □
⑤ 자기가 건설한 건축물
　㉠ 허가: 사용승인서 교부일과 사실상의 사용일 또는 임시사용승인을 받은 날 중 빠른 날
　㉡ 무허가: □
⑥ 상속: □
⑦ 증여: □
⑧ 점유: □
⑨ 수용: 대금을 청산한 날, 수용의 개시일 또는 소유권이전등기접수일 중 □. 다만, 소송으로 보상금이 공탁된 경우에는 소유권 관련 소송 판결 확정일
⑩ 대금을 청산한 날까지 완성 또는 확정되지 아니한 경우: □
⑪ 환지처분: □. 다만, 증감된 경우는 환지처분의 □
⑫ 무효판결: □

양도가액과 취득가액의 산정원리

① 양도가액을 [　　　]에 따를 때에는 취득가액도 [　　　]에 따름
② 추계순서
　㉠ 양도가액: [　　　] → [　　　] → [　　　]
　㉡ 취득가액: [　　　] → [　　　] → [　　　] → [　　　]
③ 용어의 정의
　㉠ 매매사례가액과 감정가액: [　　　] 이내
　㉡ 환산취득가액: 양도당시의 실지거래가액 등 × [취득당시의 [　　　] / 양도당시의 [　　　]]
　㉢ 기준시가
　　ⓐ 토지: [　　　]
　　ⓑ 단독주택: [　　　]
　　ⓒ 공동주택: [　　　]
　　ⓓ 부동산을 취득할 수 있는 권리: 납입한 금액 + [　　　]
　㉣ 매매사례가액 또는 감정가액이 특수관계인과의 거래에 따른 가액 등으로서 객관적으로 부당하다고 인정되는 경우에는 해당 가액을 적용하지 아니함
④ 토지 또는 건물에 대한 필요경비개산공제액: 취득당시 기준시가 × [　　　] [미등기: 취득당시 기준시가 × [　　　]]

실지거래가액에 의한 필요경비 포함 여부

구 분		포함 여부
납부영수증이 없는 취득세		
상속세		
현재가치할인차금	원칙	
	필요경비 산입금액	
부당행위계산에 의한 시가초과액		
취득관련 소송비용	원칙	
	필요경비 산입금액	
이자상당액	약정이자	
	지급기일 지연이자	
감가상각비로 필요경비 산입금액		
지적공부상 면적 증가로 징수한 조정금		
수익적 지출액		
취득 후 소송비용	원칙	
	필요경비 산입금액	
용도변경 · 개량 또는 이용편의		
개발부담금과 재건축부담금		
양도소득세과세표준 신고서 작성비용		
공증비용, 인지대 및 소개비		
명도비용		
금융기관 매각차손을 한도로 국민주택채권 및 토지개발채권 매각차손		

장기보유특별공제

① 대상: □ 또는 □과 조합원입주권(조합원으로부터 취득한 것은 □)
② 보유기간: □ 이상
  ㉠ 취득일부터 양도일까지
  ㉡ 이월과세: □ 배우자 또는 직계존비속이 해당 자산을 취득한 날부터 기산
  ㉢ 가업상속공제: □이 해당 자산을 취득한 날부터 기산
③ 공제액
  ㉠ 일반적인 경우: □~□
  ㉡ 1세대 1주택: □ 이상 보유기간 중 거주기간이 □ 이상
    ⓐ 보유기간: □~□
    ⓑ 거주기간: □~□
④ 공제방법: □로 각각 공제
⑤ 적용배제
  ㉠ □(법령이 정하는 자산은 □)
  ㉡ □

양도소득기본공제

① 대상: 각 호의 □로 각각 연 □
  ㉠ □: □ 또는 □·□ 및 □에 따른 소득
  ㉡ 제2호: 주식 등
  ㉢ 제3호: 파생상품 등
  ㉣ 제4호: 신탁 수익권
② □에서 먼저 공제하고, 감면 외에서는 □ 양도한 자산
③ 공유자산: 공유자 각각 공제
④ 적용배제: □(법령이 정하는 자산은 □)

양도소득금액계산의 특례

(1) 비과세요건을 충족한 고가주택 양도차익 등

① 고가주택 양도차익 = 양도차익 × [(양도가액 − □)/양도가액]
② 고가주택 장기보유특별공제액 = 장기보유특별공제액 × [(양도가액 − □)/양도가액]

(2) 부담부증여에 대한 양도가액 및 취득가액의 계산

① 부담부증여 양도가액 = 「상속세 및 증여세법」에 따라 평가한 가액 × (□)
② 부담부증여의 취득가액 = 취득당시 취득가액 × (□)

(3) 특수관계인간 고가양수 또는 저가양도의 부당행위계산 부인

시가와 거래가액의 차액이 □ 이상이거나 시가의 □에 상당하는 금액 이상인 경우 □로 계산

양도소득금액계산의 특례

(4) 배우자 또는 직계존비속으로부터 증여받은 자산에 대한 이월과세(= 양도소득의 필요경비 계산 특례)

① 수증자와의 관계: □(이혼은 □하고, 사망은 □) 또는 □
② 적용대상자산: 토지 또는 건물, 부동산을 취득할 수 있는 권리, 시설물이용권
③ 양도일까지의 기간: □ 이내
④ 납세의무자: □
⑤ 취득가액, 자본적지출액, 장기보유특별공제, 세율: □
⑥ 양도소득세 연대납세의무: □
⑦ 증여세: 양도차익 계산시 □에 산입
⑧ 적용 배제
  ㉠ 소급하여 □ 이전 증여 + □된 경우
  ㉡ 1세대 1주택 비과세를 적용받는 경우
  ㉢ 이월과세 적용시 세액□이월과세 미적용시 세액

(5) 특수관계인간 증여 후 양도행위의 부인

① 수증자와의 관계: □(이월과세가 적용되는 배우자 및 직계존비속은 □)
② 양도일까지의 기간: □ 이내
③ 적용 요건: (수증자의 증여세 + 수증자의 양도소득세)□증여자가 직접 양도하는 경우로 보아 계산한 양도소득세
④ 납세의무자: □
⑤ 양도소득세 연대납세의무: □
⑥ 증여세: 부과를 취소하고 수증자에게 환급
⑦ 적용 배제: 양도소득이 해당 수증자에게 실질적으로 귀속된 경우

(6) 양도차손(= 결손금)의 공제

① 양도차손의 공제: 각 호의 □로 양도차손을 □에서 공제
  ㉠ 토지 또는 건물·부동산에 관한 권리 및 기타자산에 따른 소득
  ㉡ 주식등의 양도로 발생하는 소득
  ㉢ 파생상품등의 거래 또는 행위로 발생하는 소득
  ㉣ 신탁 수익권에 따른 소득
② 이월결손금의 공제: 이월공제는 받을 수 □

양도소득세의 세율: 토지 또는 건물 및 부동산에 관한 권리

(1) 일반적으로 적용되는 세율
① 미등기(법령이 정하는 자산은 제외): 100분의 □
② 등기

구 분	주택과 조합원입주권	분양권	그 외	비사업용토지
1년 미만	100분의 □	100분의 □	100분의 □	큰 세액
1년 이상 2년 미만	100분의 □	100분의 □	100분의 □	큰 세액
2년 이상	□%~□%	100분의 □	□%~□%	□%~□%

(2) 중복되는 경우: 양도소득 산출세액 중 □세액

(3) 세율 적용시 보유기간: 상속은 □이 취득한 날부터 기산

양도소득 과세표준 예정신고

구 분		예정신고기간
토지 또는 건물 부동산에 관한 권리 기타자산 신탁 수익권	일반	양도일이 속하는 □
	토지거래계약허가 (대금청산 → 허가)	□(또는 □)이 속하는 □
	부담부증여	양도일이 속하는 □

양도소득세의 납세절차

(1) 예정신고

① 양도차익이 없거나 양도차손이 발생한 경우: □

② 수시부과세액: □하여 납부

③ 예정신고납부 이행: 세액공제 □, 불이행: □

(2) 확정신고납부

① 다음연도 □

② 예정신고를 한 자는 해당 소득에 대한 확정신고를 하지 아니할 수 있음

③ 다만, □세율 자산에 대한 예정신고를 □ 이상 한 자가 □하여 신고하지 아니한 경우: 확정신고를 하여야 함

④ 예정신고와 관련하여 무신고가산세가 부과되는 부분에 대해서는 확정신고와 관련하여 무신고가산세를 적용하지 아니함

(3) 납세지

① 거주자: □ → □

② 비거주자: 국내사업장 소재지 → 국내원천소득이 발생하는 장소

(4) 분할납부

① 분할납부의 요건: □ 초과 + □ 이내

② 분할납부세액

㉠ 납부할 세액이 2천만원 이하인 경우: □을 초과하는 금액

㉡ 납부할 세액이 2천만원을 초과하는 경우: 그 세액의 □ 이하의 금액

③ 분할납부의 신청: 예정신고기한 또는 확정신고기한까지

국외부동산양도에 대한 양도소득세

① 납세의무자: □ 이상

② 환차익을 양도소득의 범위에서 □

③ 양도가액과 취득가액의 산정방법: □ → □

④ 기준시가와 필요경비개산공제: □

⑤ 장기보유특별공제는 □

⑥ 양도소득기본공제는 □

⑦ 세율: 6%~45%의 8단계 초과누진세율

⑧ 양도차익의 외화환산: 기준환율 또는 재정환율

⑨ 외국납부세액의 이중과세조정: □ 또는 □

부동산임대업의 범위 등

① 지역권·지상권을 설정하거나 대여
　㉠ 공익사업과 관련 없음: [   ]소득
　㉡ 공익사업과 관련 있음: 기타소득
② 미등기 부동산 [   ]
③ 사업자등록 여부에 관계없이 [   ]
④ 공공요금 납부액의 초과금액: 총수입금액에 [   ]
⑤ 간주임대료를 계산하는 과정에서 차감하는 금융수익: [   ]와 [   ], [   ]
⑥ 결손금
　㉠ 주거용 건물 임대업: 종합소득 과세표준을 계산할 때 [   ]
　㉡ 주거용 건물 임대업 외: 종합소득 과세표준을 계산할 때 [   ]
⑦ 논·밭을 작물생산에 이용하게 하는 임대소득: [   ]

주거용 건물 임대업: 과세여부 판단

(1) 월세
① 1주택 소유
　㉠ 원칙: [   ]
　㉡ 예외: 과세
　　ⓐ [   ]주택: 과세기간 종료일 또는 양도일 현재 [   ] 초과
　　ⓑ [   ]주택
② 2주택 이상 소유: [   ]

(2) 보증금 등에 대한 간주임대료
① 1주택 소유: 비과세(= 총수입금액에 산입하지 아니함)
② 2주택 소유: 비과세(= 총수입금액에 산입하지 아니함)
③ [   ] 이상 소유: ([   ]제곱미터 이하 + 기준시가 [   ] 이하)는 [   ]
　㉠ 보증금 등의 합계액 3억원 이하: 비과세(= 총수입금액에 산입하지 아니함)
　㉡ 보증금 등의 합계액 [   ] 초과: [   ](= [   ])

부동산임대업 주택 수의 계산

구 분	주택 수의 계산
다가구주택	① 1개의 주택 ② 구분등기: [ ]을 1개의 주택
공동소유주택	① 원칙: 지분이 가장 큰 사람(2인 이상이면 귀속자로 정한 사람) ② 예외: 지분이 가장 큰 사람이 아니어도 [ ] 　㉠ 수입금액이 연간 [ ] 이상 　㉡ [ ]을 초과 + [ ]을 초과하는 지분
전대하거나 전전세	[ ] 또는 [ ]
본인과 배우자	① [ ] ② 공동소유주택: 지분이 더 큰 사람

제3회

익힘장 익히기

03, 04월 개념완성강의

박문각 공인중개사

조세총론

물납과 분할납부

구 분			물납	분할납부
지방세	취득세			
	등록면허세			
	재산세(재산세 도시지역분 포함)			
	소방분 지역자원시설세(재산세를 분할납부하는 경우에만 해당)			
국세	종합부동산세			
	소득세	종합소득세		
		양도소득세		

징수금과 징수금의 징수 순위: 지방세기본법과 지방세징수법

① 지방자치단체의 징수금: □ 및 □를 말함

② 지방자치단체 징수금의 징수 순위: □ → □ → □

취득 · 보유 및 양도단계

구 분		취득	보유	양도
지방세	지방교육세			
	지방소득세			
국세	종합소득세			
	농어촌특별세			
	인지세			

납세의무의 성립시기

구 분		납세의무의 성립시기
취득세		과세물건을 □하는 때
등록에 대한 등록면허세		재산권과 그 밖의 권리를 □하거나 □하는 때
재산세		□ : □
지방교육세		□이 되는 세목의 납세의무가 □하는 때
지방소득세		□이 되는 소득에 대하여 □ · 법인세의 납세의무가 □하는 때
종합부동산세		□ : □
소득세	원칙	□이 끝나는 때
	중간예납	□이 끝나는 때
인지세		과세문서를 □
농어촌특별세		□의 납세의무가 □하는 때
수시부과		□할 사유가 발생한 때
가산세		법정신고기한이 □하는 때 등

납세의무의 확정 및 가산세

구 분		신고	가산세	결정	가산세
취득세					
등록에 대한 등록면허세					
재산세					
종합부동산세					
소득세	종합소득세				
	양도소득세				

납부의무의 소멸사유

① ☐　　② ☐
③ ☐가 ☐되었을 때　　④ ☐의 ☐이 만료되었을 때
⑤ ☐의 ☐가 완성되었을 때

지방세 부과의 제척기간

구 분			제척기간
납세자	사기 · 부정		☐
	무신고	① ☐ · ☐, ☐ ☐, ☐	
		② ① 외의 경우	☐
그 밖의 경우			☐

조세징수권의 소멸시효

구 분		소멸시효
지방세	① 5천만원 이상	☐
	② ① 외	☐
국세	① 5억원 이상	☐
	② ① 외	☐

지방세의 가산세율

구 분	가산세율		
신고	무신고	일반	☐
		사기 · 부정	☐
	과소신고	일반	☐
		사기 · 부정	사기 · 부정 ☐ + 일반 ☐
납부	① 신고납부: 법정납부기한의 다음 날부터 자진납부일 또는 납세고지일까지의 일수 × ☐ ☐(납부하지 아니한 세액, 과소납부분 세액의 ☐ 한도) ② 납세고지서에 따른 납부기한 ㉠ 납부하지 아니한 세액 또는 과소납부분 세액 × ☐ ㉡ 납세고지서에 따른 납부기한이 지난 날부터 ☐이 지날 때마다 ☐ ☐, 납세고지서별 · 세목별 세액이 ☐은 배제)		

조세와 일반채권과의 관계

(1) 조세채권과 일반채권과의 배당순위

<table>
<tr><td rowspan="3">해당 재산에 대하여 부과된 조세:
[ ]
[ ]에 부가되는 지방교육세
[ ]
[ ] 등</td><td>×</td><td colspan="3">[ ]</td></tr>
<tr><td rowspan="2">○</td><td rowspan="2">주택 전세권
등에 따른 채권</td><td>×</td><td>날짜 불문 [ ]
(한도 있음)</td></tr>
<tr><td>○</td><td>[ ]</td></tr>
</table>

(2) 조세채권 사이의 배당순위: [ ] → [ ] → [ ]

조세쟁송: 지방세의 불복청구

① 행정심판 전치주의: [ ] → [ ]
② 행정심판: 심급구조
　㉠ 원칙적 [ ]: 이의신청을 거친 후에 심판청구
　㉡ 선택적 [ ]: 이의신청을 거치지 아니하고 바로 심판청구
③ 청구기한
　㉠ [ ] 이내
　㉡ 천재지변 등의 경우 그 사유가 소멸한 날부터 [ ] 이내 연장
④ [ ]까지 공매처분을 보류할 수 있음

취득세

과점주주의 간주취득

① [ ]을 [ ]
② 취득으로 보지 아니하는 경우: [ ], [ ], 총주식의 비율에 변동이 없는 경우
③ 지분비율: 최초면 [ ], 증가된 경우에는 [ ]

취득세 납세의무자 등

① 등기 등을 하지 아니한 경우라도 [ ]: 소유자 또는 양수인
② 주체구조부 취득자 외의 자가 가설한 경우: [ ]
③ 토지 지목변경 등: [ ]. 이 경우 환지계획에 따라 공급되는 환지는 [ ]이, 체비지 또는 보류지는 [ ]가 각각 취득한 것으로 봄
④ 과점주주[ ]
⑤ 상속: [ ] [ ]
⑥ 조합주택용 부동산: [ ]
⑦ 차량 등을 임차하여 수입하는 경우: 수입하는 자
⑧ 택지공사가 준공된 토지에 정원 등을 조성·설치하는 경우: [ ]의 소유자
⑨ 건축물을 건축하면서 그 건축물에 부수되는 정원 등을 조성·설치하는 경우: [ ]을 취득하는 자
⑩ 신탁재산의 위탁자 지위의 이전이 있는 경우: [ ]
⑪ 乙이 채권확보를 위하여 甲 소유의 미등기건물에 등기: [ ]
⑫ 도시개발사업 등의 시행으로 부동산의 소유자가 환지계획 등에 따라 공급받는 경우 등: 건축물은 [ ]취득, 토지의 경우에는 초과한 면적에 해당하는 부분에 한정하여 [ ]취득

취득의 유형

(1) 배우자 또는 직계존비속의 취득
① 원칙: [ ]
② 유상: [ ](경매 포함), [ ], [ ], [ ](소득 증명, 소유재산 처분 또는 담보, 상속 또는 수증 재산) 등

(2) 부담부증여: 배우자 또는 직계존비속은 (1)을 준용
① [ ]: [ ]
② 채무액을 [ ]한 부분: [ ]

취득세의 비과세

① 국가 등의 취득. 다만, 대한민국 정부기관에 [ ]하는 외국정부는 [ ]
② 국가 등에 귀속·기부채납 부동산 및 사회기반시설. 다만, 타인에게 매각·증여, 무상사용권을 제공받는 경우 등은 과세
③ 신탁법에 따른 수탁자에게 이전, 위탁자에게 이전, 신수탁자에게 이전. 다만, 조합 등은 과세
④ 「징발재산」 또는 「국가보위」에 따른 [ ]
⑤ 1년 이하 + 임시건축물. 다만, [ ]은 과세
⑥ [ ] + 개수 + [ ]. 다만, [ ]은 과세

취득의 시기

① 유상
㉠ [ ][사실상의 잔금지급일을 확인할 수 있는 자료를 제출하지 않는 경우: [ ](명시되지 않은 경우: 계약일부터 [ ]이 경과한 날)]과 [ ] 또는 등록일 중 [ ]
㉡ 계약해제: 해당 취득물건을 [ ] 취득일부터 [ ]에 계약이 해제된 사실이 입증되는 경우에는 취득한 것으로 보지 않음
② 연부: [ ]의 연부금지급일과 등기일 또는 등록일 중 빠른 날
③ 무상
㉠ 상속 또는 유증: [ ] 또는 [ ]개시일
㉡ 증여 등 무상취득: [ ]과 [ ] 또는 등록일 중 [ ]
㉢ 계약해제: 해당 취득물건을 [ ] 취득일이 속하는 [ ]에 계약이 해제된 사실이 입증되는 경우에는 취득한 것으로 보지 않음
④ 건축·개수: 사용승인서를 내주는 날(임시사용승인일, 무허가는 사실상 사용이 가능한 날)과 사실상의 사용일 중 빠른 날
⑤ 조합원에게 귀속되지 아니하는 토지
㉠ 주택조합: [ ]
㉡ 재건축조합 등: [ ]
⑥ 매립·간척: 공사준공인가일. 다만, 공사준공인가일 전에 승낙 등을 받은 경우는 사용승낙일·허가일 또는 사실상 사용일 중 빠른 날
⑦ 토지의 지목변경: [ ] 변경된 날과 [ ] 변경된 날 중 [ ]. 다만, 지목변경일 이전에 사용하는 부분은 [ ]
⑧ 점유: [ ] 또는 [ ]
⑨ 이혼시 재산분할: [ ] 또는 [ ]

취득세의 과세표준

(1) 취득당시가액: 연부취득은 ______(매회 사실상 지급되는 금액, 계약보증금 포함)

① 유상승계취득: 매매 또는 교환 등
  ㉠ 원칙: ______
  ㉠ 부당행위계산: ______을 취득당시가액으로 결정할 수 있음
② 무상: ______. 다만, 상속은 ______
③ 부담부증여: 채무부담액은 ______취득에서의 과세표준을 적용, ______에서 채무부담액을 뺀 잔액은 ______취득에서의 과세표준을 적용
④ 원시취득과 개수: ______. 다만, 법인이 아닌 자가 건축물을 건축하여 취득하는 경우로서 사실상취득가격을 확인할 수 없는 경우에는 ______
⑤ 토지의 지목을 사실상 변경한 경우: 그 변경으로 증가한 가액에 해당하는 ______. 다만, 법인이 아닌 자의 사실상취득가격을 확인할 수 없는 경우에는 지목변경 이후의 토지에 대한 ______에서 지목변경 전의 토지에 대한 ______을 뺀 가액

(2) 사실상취득가격의 범위

구 분		포함 여부	
		법인	개인
직접비용	계약금, 중도금, 잔금		
간접비용	건설자금이자		
	할부 · 연부이자 및 연체료		
	의무		
	필요		
	약정		
	채권 매각차손(금융회사 한도)		
	중개보수		
	설치비용		
	판매		
	전기 · 가스 · 열		
	별개		
	부가가치세		
할인금액			

(3) 시가인정액의 산정: 취득일 전 ______부터 취득일 후 ______ 이내의 기간

① 매매: 거래가액. 다만, 부당은 제외
② 감정가액: 감정가액의 평균액
③ 경매 또는 공매: 경매가액 또는 공매가액

취득세의 세율

(1) 취득세의 표준세율

취득 원인			표준세율
유상	주택	6억원 이하	1천분의 □
		6억원 초과 9억원 이하	[(취득가액 × 2/3억원) − 3] × 1/100
		9억원 초과	1천분의 □
	농지		1천분의 □
	그 이외 부동산		1천분의 □
상속	농지		1천분의 □
	농지 이외 부동산		1천분의 □
상속 이외	비영리사업자		1천분의 □
	비영리사업자 외		1천분의 □
원시			1천분의 □
공유물의 분할 등(본인 지분 초과 부분은 제외)			1천분의 □
합유물 및 총유물의 분할			1천분의 □

(2) 표준세율 적용시 유의사항

① 조례로 □세율의 □의 범위에서 가감할 수 있음
② 교환: □승계취득의 세율을 적용
③ 건축[신축과 재축은 제외]또는 개수로 인하여 건축물 면적이 증가할 때 □: □취득으로 보아 세율 적용
④ 둘 이상의 세율: □ 세율을 적용
⑤ 부동산이 공유물: 그 취득지분의 가액을 과세표준으로 하여 각각의 세율을 적용
⑥ 주택을 신축 또는 증축한 이후 해당 주거용 건축물의 소유자가 해당 주택의 부속토지를 취득하는 경우: 유상거래를 원인으로 하는 주택 취득의 세율을 □
⑦ 법인이 합병 또는 분할에 따라 부동산을 취득하는 경우: □거래에 따른 농지는 1천분의 □, 농지 외의 것은 1천분의 □

(3) 주택 취득 등 중과세율 적용시 주택 수 판단

구 분		주택 수 포함 여부
주택의 공유지분		
주택의 부속토지		
신탁법에 따라 신탁된 주택	위탁자	
	수탁자	
조합원입주권		
주택분양권		
주택으로 과세하는 오피스텔		

⑷ 사치성 재산 등에 대한 중과세율

① 사치성 재산[회원제 골프장, 고급오락장, 고급선박, 고급주택]: 표준세율 + 중과기준세율의 ____
 ㉠ 토지의 경계가 명확하지 아니할 때: 건축물 바닥면적의 ____
 ㉡ 중과에서 제외되는 용도변경공사: ____[상속은 상속개시일이 속하는 달의 말일부터 ____(외국 ____)]
② 과밀억제권역: 본점(영리법인)·주사무소(비영리법인) + 공장
③ 대도시: 법인의 설립, 지점 등의 설치, 대도시로 전입에 따른 부동산
 ㉠ 휴면법인 인수 포함
 ㉡ 중과제외대상: 은행업, 할부금융업 등 대도시 중과 제외 업종 부동산

⑸ 취득세 세율의 특례: 중과기준세율 = 1천분의 20

구 분		세율의 특례	
		표준세율 − 중과기준세율	중과기준세율
환매등기			
상속	1가구 1주택 및 그 부속토지		
	감면대상 농지		
합병			
공유물 등의 분할	본인 지분		
	본인 지분 초과		
건축물의 이전	종전 가액		
	종전 가액 초과		
이혼	재산분할		
	위자료		
입목			
개수	종전 면적		
	종전 면적 증가		
지목변경			
과점주주			
묘지			
임시건축물	1년 초과		
	1년 이하		
등록면허세에서 보존·이전등기			
정원 등의 조성·설치			

취득세의 납세절차

(1) 신고납부
① 유상: 그 취득한 날부터 [   ] 이내
② 무상(상속은 제외) 및 부담부증여: 취득일이 속하는 [   ] 이내
③ 상속(실종): 상속개시일(실종선고일)이 속하는 [   ] 이내[외국: [   ] 이내]
④ 중과세율 적용대상과 부과대상 또는 추징대상: [   ] 이내 + 가산세 [   ]
⑤ 등기하거나 등록하려는 경우: 등기·등록관서에 접수하는 날까지

(2) 기한 후 신고: 법정신고기한까지 과세표준 신고서를 제출하지 아니한 자

(3) 납세지
① 부동산 소재지
② 납세지가 불분명: [   ]
③ 둘 이상의 지방자치단체에 걸쳐 있는 경우: [   ]

(4) 취득세의 면세점: [   ]이 [   ] 이하 + [   ] 이내

(5) 보통징수와 가산세
① 보통징수: 신고 등 의무를 다하지 아니한 경우 또는 일시적 2주택이 [   ] 내에 종전 주택을 처분하지 못한 경우
② 시가인정액으로 신고한 후 경정하기 전에 수정신고한 경우: 무신고가산세 및 과소신고가산세를 [   ]
③ 법인의 장부 등 작성과 보존의무 불이행에 대한 가산세: [   ]
④ 신고를 하지 아니하고 매각하는 경우: [   ]. 다만, 지목변경 등은 [   ]
⑤ 국가 등의 매각 통보: 매각일부터 [   ] 이내
⑥ 등기·등록관서의 장의 취득세 미납부 및 납부부족액에 대한 통보: 다음 달 [   ]까지

등록에 대한 등록면허세

등록: 다음의 등기나 등록은 포함

① 광업권·어업권 및 양식업권
② 외국인 소유 물건의 연부 취득
③ 취득세 [   ]이 경과한 물건
④ 취득세 [   ]에 해당하는 물건

납세의무자: 등록을 하는 자(= 등기권리자)

① 전세권 설정등기: [   ]
② 전세권 말소등기: [   ]

등록면허세의 비과세

① 국가 등이 받는 등록. 다만, 대한민국 정부기관에 [   ]하는 외국정부는 [   ]
② 체납으로 인한 압류해제의 등기 등
③ 공무원의 착오로 지번 오기에 대한 경정
④ [   ]인 토지에 관한 등기

등록면허세의 과세표준과 세율

(1) 과세표준과 표준세율

<table>
<tr><th colspan="4">구 분</th><th>과세표준</th><th>표준세율</th></tr>
<tr><td rowspan="5">소유권</td><td colspan="3">보존등기</td><td rowspan="5">부동산가액</td><td>1천분의 □</td></tr>
<tr><td rowspan="4">이전등기</td><td rowspan="2">유상</td><td>주택</td><td>취득세율 × 100분의 50</td></tr>
<tr><td>주택 외</td><td>1천분의 □</td></tr>
<tr><td rowspan="2">무상</td><td>상속</td><td>1천분의 □</td></tr>
<tr><td>상속 외</td><td>1천분의 □</td></tr>
<tr><td colspan="2">가등기</td><td rowspan="6" colspan="2">설정
이전</td><td>부동산가액
채권금액</td><td rowspan="6">1천분의 □</td></tr>
<tr><td colspan="2">지상권</td><td>부동산가액</td></tr>
<tr><td colspan="2">경매신청
가압류
저당권
가처분</td><td>채권금액</td></tr>
<tr><td colspan="2">지역권</td><td>요역지가액</td></tr>
<tr><td colspan="2">전세권</td><td>전세금액</td></tr>
<tr><td colspan="2">임차권</td><td>월임대차금액</td></tr>
<tr><td colspan="4">말소등기, 지목변경 등</td><td>건당</td><td>□</td></tr>
</table>

(2) 과세표준과 표준세율 적용

① 등록 당시의 가액: 신고가액. 다만, 신고가 없거나 신고가액이 시가표준액보다 적은 경우에는 □ □

② 취득세 면세점 등에 해당하는 물건의 등기 또는 등록: □(취득세 부과제척기간이 경과한 물건은 □과 □ 중 □). 다만, 등록 당시에 자산재평가 또는 감가상각 등의 사유로 그 가액이 달라진 경우에는 □

③ 채권금액이 없을 때: 채권의 목적이 된 것의 가액 또는 처분의 제한의 목적이 된 금액

④ 산출세액이 □ 보다 적을 때에는 □으로 함

⑤ 조례로 □세율의 □의 범위에서 가감할 수 있음

(3) 중과세율: 표준세율의 □

① 중과세 대상: 대도시에서 법인 □, 지점이나 분사무소의 □, 대도시 밖에서 대도시로의 □

② 중과세 제외대상: 은행업, 할부금융업 등 대도시 중과 제외 업종

등록면허세의 납세절차

(1) 신고납부

① 등록을 하기 전까지(= 등기·등록관서에 접수하는 날까지)

② 중과세대상, 부과대상 또는 추징대상: □ 이내 + 가산세 □

③ 신고의무를 다하지 아니한 경우에도 등록을 하기 전까지 납부하였을 때: 신고를 하고 납부한 것으로 봄. 이 경우 무신고가산세 및 과소신고가산세를 □

등록면허세의 납세절차

(2) 납세지
① 부동산 소재지
② 납세지가 불분명: ____
③ 둘 이상에 걸쳐 있어 지방자치단체별로 부과할 수 없을 때: ____
④ 같은 채권의 담보를 위하여 설정하는 둘 이상의 저당권을 등록하는 경우: ____ 등록하는 ____ ____
(3) 보통징수와 가산세
(4) 등기·등록관서의 장의 등록면허세 미납부 및 납부부족액에 대한 통보: 다음 달 ____까지

재산세

재산세의 납세의무자

① ____ 현재 ____
② 공유재산: ____(지분의 표시가 없으면 ____한 것으로 봄)
③ 주택의 건물과 부속토지의 소유자가 다를 경우: 산출세액을 ____ 비율로 안분
④ 소유권 변동신고 또는 종중소유임을 신고하지 아니한 경우: ____
⑤ 상속등기 × + 신고 ×: ____[상속지분이 가장 높은 사람 → 나이가 가장 많은 사람]
⑥ 국가 등 + 연부 + 사용권 무상: ____
⑦ ____ + 선수금 + ____: 사용권을 ____으로 받은 자
⑧ 수탁자 명의의 신탁재산: ____
⑨ 체비지 또는 보류지: ____
⑩ 항공기 또는 선박을 임차하여 수입하는 경우: 수입하는 자
⑪ 파산선고 이후 파산종결의 결정까지 파산재단에 속하는 재산의 경우: ____
⑫ 소유권 귀속이 분명하지 아니한 경우: ____

재산세 과세대상의 구분

(1) 공부상 등재 현황과 사실상의 현황이 다른 경우: 사실상 현황
(2) 주택: 토지와 건축물의 범위에서 주택은 ____
① 주택 부속토지의 경계가 명백하지 아니한 경우: 주택의 바닥면적의 ____
② 주거용과 주거 외의 용도를 겸하는 건물: 1동은 주거용 부분만, 1구는 ____ 이상이면 주택
③ 다가구주택: 구분된 부분을 ____

토지에 대한 재산세의 과세방법

(1) **농지[전 · 답 · 과수원]**
① 개인
㉠ 영농 ×: 종합합산과세대상
㉡ 영농 ○
ⓐ ☐, ☐, ☐, ☐: 분리과세대상
ⓑ ⓐ 외: 종합합산과세대상
② 법인 · 단체: 열거된 5가지[농업법인, 한국농어촌공사, 1990.5.31 이전 사회복지사업자, 매립 · 간척, 1990.5.31 이전 종중]는 분리과세대상, 그 외는 종합합산과세대상

(2) **목장용지**: ☐, ☐(1989.12.31 이전)에서 이내이면 분리과세대상이고 초과이면 종합합산과세대상, 그 외의 지역은 종합합산과세대상

(3) **임야**: 열거된 지정문화유산 안의 임야, 공원자연☐지구의 임야, 1990.5.31 이전부터 종중이 소유하는 임야, 1990.5.31 이전부터 소유하는 상수원보호구역 임야 및 1989.12.31 이전부터 소유하는 개발제한구역의 임야 등은 분리과세대상, 그 외는 종합합산과세대상 등

(4) **공장용지 등**
① 초과이면 종합합산과세대상
② 이내이면 지역 확인: ☐, ☐, ☐은 분리과세대상, 그 외의 지역은 별도합산과세대상
③ 공장용지와 동일한 분리과세대상: 국방상 목적의 공장 구내의 토지, ☐, 여객자동차터미널 및 물류터미널용 토지, 공모부동산투자회사

(5) **회원제골프장용 토지와 고급오락장용 토지**: 분리과세대상

(6) **영업용 건축물의 부속토지 등**
① 이내는 별도합산과세대상, 초과는 종합합산과세대상
② 건축물(공장용 건축물은 제외)의 시가표준액이 토지의 ☐에 미달하는 토지 중 건축물 바닥면적을 ☐한 토지: 종합합산과세대상
③ 허가 등을 받지 아니한 또는 사용승인을 받지 아니한 건축물의 토지: 종합합산과세대상
④ 별도합산과세대상으로 보는 토지: 차고용 토지, 자동차운전학원용 토지, 스키장 및 골프장용 토지 중 ☐이 보전된 임야

재산세의 비과세

① ☐의 보유. 다만, 대한민국 재산에 ☐하는 외국정부는 ☐
② 국가 등이 ☐ 이상 ☐ 또는 ☐으로 사용하는 재산. 다만, ☐ 또는 ☐은 과세
③ 「도로법」에 따른 도로와 사설 도로. 다만, 휴게시설, 연구시설 등과 ☐는 과세
④ ☐, ☐, ☐, ☐, ☐. 다만, 특정인이 전용하는 ☐은 과세
⑤ ☐보호구역에 있는 토지. 다만, ☐ 및 ☐는 과세
⑥ 산림보호구역 및 채종림 · 시험림
⑦ 공원자연☐지구의 임야
⑧ 백두대간보호지역의 임야
⑨ ☐ 미만 + 임시건축물. 다만, ☐은 과세
⑩ 철거명령을 받았거나 철거보상계약이 체결된 건축물 또는 주택. 다만, ☐는 과세

재산세의 과세표준

① 토지: 시가표준액[개별공시지가] × [ ]의 공정시장가액비율
② 건축물: 시가표준액[결정한 가액] × [ ]의 공정시장가액비율
③ 주택
　㉠ 시가표준액[단독은 개별주택가격 또는 공동은 공동주택가격] × [ ]의 공정시장가액비율
　㉡ [ ]의 과세표준이 [ ]보다 큰 경우에는 [ ]으로 함
④ 선박과 항공기: 시가표준액

재산세의 세율

(1) 표준세율

구 분			표준세율
토지	분리	농지(전 · 답 · 과수원), 목장용지, 임야	1천분의 [ ]
		공장용지 등	1천분의 [ ]
		회원제 골프장용 토지 고급오락장용 토지	1천분의 [ ]
	종합합산		1천분의 [ ]~1천분의 [ ]
	별도합산		1천분의 [ ]~1천분의 [ ]
건축물	회원제 골프장, 고급오락장용 건축물		1천분의 [ ]
	시(읍 · 면지역은 제외) 주거지역 등의 공장용 건축물		1천분의 [ ]
	그 밖의 건축물		1천분의 [ ]
주택	9억원 이하 + 1세대 1주택		1천분의 [ ]~1천분의 [ ]
	그 외		1천분의 [ ]~1천분의 [ ]
선박	고급선박		1천분의 [ ]
	그 밖의 선박		1천분의 [ ]
항공기			1천분의 [ ]

(2) 세율의 적용 방법

① 토지에 대한 재산세
　㉠ 분리과세대상: 토지의 가액에 세율 적용
　㉡ 종합합산과세대상: 관할구역 + [ ] 금액에 세율 적용
　㉢ 별도합산과세대상: 관할구역 + [ ] 금액에 세율 적용
② 주택에 대한 재산세
　㉠ [ ]로 세율 적용
　㉡ 주택을 2명 이상이 공동으로 소유하거나 토지와 건물의 소유자가 다를 경우: 토지와 건물의 가액을 [ ] 금액에 세율 적용
③ [ ]세율: 조례로 [ ]의 범위에서 가감할 수 있음. 다만, 가감한 세율은 [ ]에만 적용

재산세의 납세절차

(1) 과세기준일과 납기
① 과세기준일: [　　　]
② 납기
㉠ 토지: [　　　]
㉡ 건축물: [　　　]
㉢ 주택: 세액의 2분의 1은 [　　　], 나머지 2분의 1은 [　　　]. 다만, 세액이 [　　　]인 경우에는 조례로 정하는 바에 따라 납기를 [　　　]로 하여 한꺼번에 부과·징수할 수 있음
㉣ 선박과 항공기 : 매년 7월 16일부터 7월 31일까지

(2) 징수방법
① 보통징수: 납기개시 [　] 전까지 발급
② [　　]로 부과·징수할 수 [　　]
③ 소액징수면제: 세액이 [　　　]
④ 납세지: 부동산 소재지
⑤ [　　]와 [　　]에 대한 세 부담의 상한: [　　　]
⑥ 납부유예
㉠ [　　　] + 그 납부기한 만료 [　] 전까지 신청 + [　] 제공
㉡ 납부유예 허가의 취소: 해당 주택을 타인에게 양도하거나 증여하는 경우 등

(3) 물납
① 물납의 요건과 물납대상: [　　　] 초과 + 관할구역 부동산
② 물납의 신청: 납부기한 [　] 전까지
③ 부동산 평가: [　　　] 현재의 시가

(4) 분할납부
① 분할납부의 요건: [　　　] 초과 + [　　] 이내
② 분할납부의 신청: [　　　]
③ 분할납부세액
㉠ 납부할 세액이 500만원 이하인 경우: [　　　]을 초과하는 금액
㉡ 납부할 세액이 500만원을 초과하는 경우: 그 세액의 [　　　] 이하의 금액

종합부동산세

종합부동산세의 과세방법

구 분			납세의무자	공정시장가액비율	세부담 상한
주택	개인	2주택 이하	재산세의 납세의무자	[　　　]	[　　　]
		3주택 이상			
	법인	2주택 이하			없음 ([　　　] 적용시)
		3주택 이상			
토지	종합합산		[　　] 초과	[　　　]	[　　　]
	별도합산		[　　] 초과		[　　　]

종합부동산세 과세표준의 산정

(1) 주택

① 개인

㉠ 일반: (주택 공시가격 합계액 − □) × □의 공정시장가액비율

㉡ 단독소유 + 1세대 1주택 + 거주자: (주택 공시가격 합계액 − □) × □의 공정시장가액비율

② □세율이 적용되는 법인 또는 법인으로 보는 단체: 주택 공시가격 합계액 × □의 공정시장가액비율

(2) 토지

① 종합합산과세대상 토지: (종합합산 공시가격 합계액 − □) × □의 공정시장가액비율

② 별도합산과세대상 토지: (별도합산 공시가격 합계액 − □) × □의 공정시장가액비율

단독소유 + 1세대 1주택 + 거주자

(1) 과세표준 계산시 공제: □

(2) 세액공제: [①과 ②은 최대 □ 의 범위 내에서 중복 적용]

① 연령별 세액공제: 만 □ 이상인 자

㉠ 만 60세 이상 만 65세 미만: □

㉡ 만 65세 이상 만 70세 미만: □

㉢ 만 70세 이상: □

② 보유기간별 세액공제: □ 이상 보유한 자

㉠ 5년 이상 10년 미만: □

㉡ 10년 이상 15년 미만: □

㉢ 15년 이상: □

(3) 공동명의 1주택자의 납세의무 등에 관한 특례: 단독소유 1주택으로 신청할 수 있음

(4) 동거봉양 또는 혼인의 경우 각각 1세대로 보는 기간

① 동거봉양: □ 동안

② 혼인: □ 동안

종합부동산세의 세율

구 분			세 율
주택	개인	2주택 이하	1천분의 □~1천분의 □의 7단계 초과누진세율
		3주택 이상	1천분의 □~1천분의 □의 7단계 초과누진세율
	법인 (공익법인 등은 제외)	2주택 이하	1천분의 □
		3주택 이상	1천분의 □
토지	종합합산		1천분의 □~1천분의 □의 3단계 초과누진세율
	별도합산		1천분의 □~1천분의 □의 3단계 초과누진세율

이중과세 조정과 세율 적용시 주택 수의 계산 등

① 이중과세 조정
　㉠ [　　]로 부과된 세액은 공제
　㉡ 가감조정된 세율이 [　　] 세액, 세부담 상한을 [　　] 세액
② 세부담의 상한: 직전 연도 과세기준일 현재 소유한 것으로 보아 계산함
③ 세율 적용시 주택 수
　㉠ 공동소유주택: [　　]
　㉡ 다가구주택: 1주택
　㉢ 주택 수에 불포함: 합산배제 임대주택, 합산배제 [　　] 등

종합부동산세의 절차적 사항

(1) 과세기준일과 납기
① 과세기준일: [　　]
② 납기: [　　]

(2) 징수방법
① 관할세무서장의 결정: 납부기간 개시 [　　] 전까지 납부고지서 발부
② 다만, 선택적 신고납부: 이 경우 관할세무서장의 결정은 없었던 것으로 봄
③ 납세지: 개인은 「소득세법」 준용
　㉠ 거주자: [　　] → [　　]
　㉡ 비거주자: 국내사업장의 소재지 → 국내원천소득이 발생하는 장소 → [　　] 또는 [　　]의 소재지
④ 가산세: 무신고 [　　], 과소와 납부는 [　　]

(3) 분납
① 분납의 요건: [　　] 초과 + [　　] 이내
② 분납세액
　㉠ 납부하여야 할 세액이 250백만원 초과 500만원 이하: 해당 세액에서 [　　]을 차감한 금액
　㉡ 납부하여야 할 세액이 500만원을 초과: 해당 세액의 [　　] 이하의 금액
③ 분납의 신청: [　　]

소득세

소득세법 총설

① [　　]: 이자 + 배당 + 사업소득[부동산임대업과 사업적인 양도(건설업과 부동산매매업)] + 근로 + 연금 + 기타소득
② [　　]: 퇴직소득과 양도소득
③ 거주자: 국내에 [　　]를 두거나 [　　] 이상 거소 − [　　] + 국외소득(국외자산양도는 [　　] 이상)
④ 비거주자: [　　]

양도소득세의 과세대상: 국내소재로 가정

구 분		과세대상 여부
지상권		
지역권		
전세권		
등기되지 않은 부동산임차권		
조합원입주권과 분양권		
토지상환채권과 주택상환사채		
사업에 사용하는 토지와 분리되어 양도하는 영업권		
이축권	토지 또는 건물과 함께 양도하는 이축권	
	해당 이축권 가액을 별도로 평가하여 신고하는 경우	
골프회원권(관련 주식 포함)		
건설업과 부동산매매업		

양도로 보는 경우와 보지 않는 경우

구 분				양도 여부
현물출자				
대물변제				
이혼	위자료			
	재산분할			
수용				
부담부증여	일반	채무액		
		채무액을 제외한 부분		
	배우자 직계존비속	채무액	원칙	
			입증되는 경우	
		채무액을 제외한 부분		
환지처분으로 지목 또는 지번의 변경				
보류지로 충당				
양도담보	계약체결시			
	채무불이행			
신탁	설정 또는 해지			
	위탁자의 지배를 벗어나는 경우			
공유물 분할	지분 변경 없음			
	지분 변경 있음			
매매원인 무효의 소				
경매·공매로 인하여 자기가 재취득				

1세대 1주택 양도의 비과세

(1) 1세대

① ☐ 및 그 배우자. 부부가 각각 단독세대를 구성한 경우에도 ☐
② 배우자가 없어도 1세대로 보는 경우 : ☐ 이상, ☐하거나 ☐, 기준 중위소득을 12개월로 환산한 금액의 ☐ 이상

(2) 1주택 : 양도일 현재 국내에 1주택

① ☐ 주거용으로 사용하는 건물
② 주택부수토지의 한도 : 도시지역 밖은 ☐, 도시지역 내 수도권 밖과 수도권 내 녹지지역은 ☐, 그 외는 ☐
③ 겸용주택

구 분	겸용주택의 판단	
	일반주택	고가주택
주택 연면적 > 주택 외 연면적	전부 주택	주택 부분만 주택
주택 연면적 ≦ 주택 외 연면적	주택 부분만 주택	주택 부분만 주택

④ 다가구주택 : 구획된 부분을 ☐ 하나의 주택. 다만, 하나의 매매단위로 하여 양도하는 경우에는 그 ☐를 하나
⑤ 고가주택 : 양도당시 ☐의 합계액이 ☐ 초과
⑥ 공동소유주택 : 특별한 규정이 있는 것 외에는 ☐
⑦ 1세대 2주택을 1주택으로 보는 경우
㉠ 수도권 밖 : 사유가 해소된 날부터 ☐ 이내
㉡ 동거봉양 : 한 사람이 60세 이상 또는 요양급여는 60세 미만 + ☐ 이내
㉢ 혼인 : ☐ 이내
㉣ 농어촌주택 : 일반주택을 양도하는 경우. 귀농주택귀농주택(3년 이상 영농 · 영어)은 ☐ 이내 일반주택 양도
㉤ 일시적인 2주택 : 1년 이상이 지난 후 + ☐ 이내
㉥ 상속 : ☐을 양도하는 경우

(3) **1세대 1주택의 경우로서 보유기간 및 거주기간의 제한을 받지 아니하는 경우**

① 건설임대주택 + 임차일부터 양도일까지 거주한 기간이 ☐ 이상
② 사업인정 고시일 ☐ 취득 + 수용
③ 해외이주 + 출국일부터 ☐ 이내
④ ☐ 이상 국외거주를 필요로 하는 취학 또는 ☐ + 출국일부터 ☐ 이내
⑤ 다른 시 · 군으로 취학, ☐, 질병요양 + ☐ 이상 거주

농지의 교환 또는 분합에 대한 비과세

① 농지의 범위: 논밭이나 과수원
② 비과세 요건: 쌍방 토지가액의 차액이 가액이 큰 편의 (   ) 이하
③ 경작상 필요: (   ) 이상 경작. 수용되는 경우에는 (   ) 이상 농지 소재지에 거주하면서 경작한 것으로 보며, 피상속인의 경작기간과 상속인의 경작기간을 통산

미등기양도자산(미등기양도 제외자산 아님)에 대한 제재

구 분	제재의 내용
비과세와 감면	배제
필요경비개산공제	등기 ( )(미등기는 ( ))
장기보유특별공제	배제
양도소득기본공제	배제
세율	( )

미등기양도제외 자산: 법령이 정하는 자산

① (   )조건
② (   )의 규정 또는 (   )의 결정
③ 비과세대상 (   )의 교환 또는 분합, 감면대상 자경농지 및 농지대토
④ 비과세요건을 충족한 (   ) 등
⑤ (   )에 따른 취득등기를 하지 아니하고 양도하는 토지
⑥ (   )에 따라 체비지를 양도

양도 또는 취득시기

① 대금을 청산한 날. 양수자가 부담하는 양도소득세 등은 (   )
② 대금을 청산한 날이 불분명: 등기·등록접수일 또는 명의개서일
③ 대금을 청산하기 전 등기: 등기접수일
④ 장기할부조건: 소유권이전등기접수일·인도일 또는 사용수익일 중 (   )
⑤ 자기가 건설한 건축물
㉠ 허가: 사용승인서 교부일과 사실상의 사용일 또는 임시사용승인을 받은 날 중 빠른 날
㉡ 무허가: (   )
⑥ 상속: (   )
⑦ 증여: (   )
⑧ 점유: (   )
⑨ 수용: 대금을 청산한 날, 수용의 개시일 또는 소유권이전등기접수일 중 (   ). 다만, 소송으로 보상금이 공탁된 경우에는 소유권 관련 소송 판결 확정일
⑩ 대금을 청산한 날까지 완성 또는 확정되지 아니한 경우: (   )
⑪ 환지처분: (   ). 다만, 증감된 경우는 환지처분의 (   )
⑫ 무효판결: (   )

양도가액과 취득가액의 산정원리

① 양도가액을 [ ]에 따를 때에는 취득가액도 [ ]에 따름
② 추계순서
　㉠ 양도가액 : [ ] → [ ] → [ ]
　㉡ 취득가액 : [ ] → [ ] → [ ] → [ ]
③ 용어의 정의
　㉠ 매매사례가액과 감정가액 : [ ] 이내
　㉡ 환산취득가액 : 양도당시의 실지거래가액 등 × [취득당시의 [ ] ∕ 양도당시의 [ ]]
　㉢ 기준시가
　　ⓐ 토지 : [ ]
　　ⓑ 단독주택 : [ ]
　　ⓒ 공동주택 : [ ]
　　ⓓ 부동산을 취득할 수 있는 권리 : 납입한 금액 + [ ]
　㉣ 매매사례가액 또는 감정가액이 특수관계인과의 거래에 따른 가액 등으로서 객관적으로 부당하다고 인정되는 경우에는 해당 가액을 적용하지 아니함
④ 토지 또는 건물에 대한 필요경비개산공제액 : 취득당시 기준시가 × [ ] [미등기 : 취득당시 기준시가 × [ ]]

실지거래가액에 의한 필요경비 포함 여부

구 분		포함 여부
납부영수증이 없는 취득세		
상속세		
현재가치할인차금	원칙	
	필요경비 산입금액	
부당행위계산에 의한 시가초과액		
취득관련 소송비용	원칙	
	필요경비 산입금액	
이자상당액	약정이자	
	지급기일 지연이자	
감가상각비로 필요경비 산입금액		
지적공부상 면적 증가로 징수한 조정금		
수익적 지출액		
취득 후 소송비용	원칙	
	필요경비 산입금액	
용도변경 · 개량 또는 이용편의		
개발부담금과 재건축부담금		
양도소득세과세표준 신고서 작성비용		
공증비용, 인지대 및 소개비		
명도비용		
금융기관 매각차손을 한도로 국민주택채권 및 토지개발채권 매각차손		

장기보유특별공제

① 대상: □ 또는 □과 조합원입주권(조합원으로부터 취득한 것은 □)
② 보유기간: □ 이상
　㉠ 취득일부터 양도일까지
　㉡ 이월과세: □ 배우자 또는 직계존비속이 해당 자산을 취득한 날부터 기산
　㉢ 가업상속공제: □이 해당 자산을 취득한 날부터 기산
③ 공제액
　㉠ 일반적인 경우: □~□
　㉡ 1세대 1주택: □ 이상 보유기간 중 거주기간이 □ 이상
　　ⓐ 보유기간: □~□
　　ⓑ 거주기간: □~□
④ 공제방법: □로 각각 공제
⑤ 적용배제
　㉠ □(법령이 정하는 자산은 □)
　㉡ □

양도소득기본공제

① 대상: 각 호의 □로 각각 연 □
　㉠ □: □ 또는 □ · □ 및 □에 따른 소득
　㉡ 제2호: 주식 등
　㉢ 제3호: 파생상품 등
　㉣ 제4호: 신탁 수익권
② □에서 먼저 공제하고, 감면 외에서는 □ 양도한 자산
③ 공유자산: 공유자 각각 공제
④ 적용배제: □(법령이 정하는 자산은 □)

양도소득금액계산의 특례

(1) 비과세요건을 충족한 고가주택 양도차익 등

① 고가주택 양도차익 = 양도차익 × [(양도가액 − □)/양도가액]
② 고가주택 장기보유특별공제액 = 장기보유특별공제액 × [(양도가액 − □)/양도가액]

(2) 부담부증여에 대한 양도가액 및 취득가액의 계산

① 부담부증여 양도가액 = 「상속세 및 증여세법」에 따라 평가한 가액 × (□)
② 부담부증여의 취득가액 = 취득당시 취득가액 × (□)

(3) 특수관계인간 고가양수 또는 저가양도의 부당행위계산 부인

시가와 거래가액의 차액이 □ 이상이거나 시가의 □에 상당하는 금액 이상인 경우 □로 계산

양도소득금액계산의 특례

(4) **배우자 또는 직계존비속으로부터 증여받은 자산에 대한 이월과세(= 양도소득의 필요경비 계산 특례)**

① 수증자와의 관계: □(이혼은 □하고, 사망은 □) 또는 □
② 적용대상자산: 토지 또는 건물, 부동산을 취득할 수 있는 권리, 시설물이용권
③ 양도일까지의 기간: □ 이내
④ 납세의무자: □
⑤ 취득가액, 자본적지출액, 장기보유특별공제, 세율: □
⑥ 양도소득세 연대납세의무: □
⑦ 증여세: 양도차익 계산시 □에 산입
⑧ 적용 배제
　㉠ 소급하여 □ 이전 증여 + □된 경우
　㉡ 1세대 1주택 비과세를 적용받는 경우
　㉢ 이월과세 적용시 세액□이월과세 미적용시 세액

(5) **특수관계인간 증여 후 양도행위의 부인**

① 수증자와의 관계: □(이월과세가 적용되는 배우자 및 직계존비속은 □)
② 양도일까지의 기간: □ 이내
③ 적용 요건: (수증자의 증여세 + 수증자의 양도소득세)□증여자가 직접 양도하는 경우로 보아 계산한 양도소득세
④ 납세의무자: □
⑤ 양도소득세 연대납세의무: □
⑥ 증여세: 부과를 취소하고 수증자에게 환급
⑦ 적용 배제: 양도소득이 해당 수증자에게 실질적으로 귀속된 경우

(6) **양도차손(= 결손금)의 공제**

① 양도차손의 공제: 각 호의 □로 양도차손을 □에서 공제
　㉠ 토지 또는 건물・부동산에 관한 권리 및 기타자산에 따른 소득
　㉡ 주식등의 양도로 발생하는 소득
　㉢ 파생상품등의 거래 또는 행위로 발생하는 소득
　㉣ 신탁 수익권에 따른 소득
② 이월결손금의 공제: 이월공제는 받을 수 □

양도소득세의 세율: 토지 또는 건물 및 부동산에 관한 권리

(1) **일반적으로 적용되는 세율**
① 미등기(법령이 정하는 자산은 제외): 100분의 □
② 등기

구 분	주택과 조합원입주권	분양권	그 외	비사업용토지
1년 미만	100분의 □	100분의 □	100분의 □	큰 세액
1년 이상 2년 미만	100분의 □	100분의 □	100분의 □	큰 세액
2년 이상	□%~□%	100분의 □	□%~□%	□%~□%

(2) **중복되는 경우**: 양도소득 산출세액 중 □세액

(3) **세율 적용시 보유기간**: 상속은 □이 취득한 날부터 기산

양도소득 과세표준 예정신고

구 분		예정신고기간
토지 또는 건물 부동산에 관한 권리 기타자산 신탁 수익권	일반	양도일이 속하는 □
	토지거래계약허가 (대금청산 → 허가)	□(또는 □)이 속하는 □
	부담부증여	양도일이 속하는 □

양도소득세의 납세절차

(1) 예정신고
① 양도차익이 없거나 양도차손이 발생한 경우: □
② 수시부과세액: □하여 납부
③ 예정신고납부 이행: 세액공제 □, 불이행: □

(2) 확정신고납부
① 다음연도 □
② 예정신고를 한 자는 해당 소득에 대한 확정신고를 하지 아니할 수 있음
③ 다만, □세율 자산에 대한 예정신고를 □ 이상 한 자가 □하여 신고하지 아니한 경우: 확정신고를 하여야 함
④ 예정신고와 관련하여 무신고가산세가 부과되는 부분에 대해서는 확정신고와 관련하여 무신고가산세를 적용하지 아니함

(3) 납세지
① 거주자: □ → □
② 비거주자: 국내사업장 소재지 → 국내원천소득이 발생하는 장소

(4) 분할납부
① 분할납부의 요건: □ 초과 + □ 이내
② 분할납부세액
　㉠ 납부할 세액이 2천만원 이하인 경우: □을 초과하는 금액
　㉡ 납부할 세액이 2천만원을 초과하는 경우: 그 세액의 □ 이하의 금액
③ 분할납부의 신청: 예정신고기한 또는 확정신고기한까지

국외부동산양도에 대한 양도소득세

① 납세의무자: □ 이상
② 환차익을 양도소득의 범위에서 □
③ 양도가액과 취득가액의 산정방법: □ → □
④ 기준시가와 필요경비개산공제: □
⑤ 장기보유특별공제는 □
⑥ 양도소득기본공제는 □
⑦ 세율: 6%~45%의 8단계 초과누진세율
⑧ 양도차익의 외화환산: 기준환율 또는 재정환율
⑨ 외국납부세액의 이중과세조정: □ 또는 □

부동산임대업의 범위 등

① 지역권·지상권을 설정하거나 대여
㉠ 공익사업과 관련 없음: [   ]소득
㉡ 공익사업과 관련 있음: 기타소득
② 미등기 부동산 [   ]
③ 사업자등록 여부에 관계없이 [   ]
④ 공공요금 납부액의 초과금액: 총수입금액에 [   ]
⑤ 간주임대료를 계산하는 과정에서 차감하는 금융수익: [   ]와 [   ], [   ]
⑥ 결손금
㉠ 주거용 건물 임대업: 종합소득 과세표준을 계산할 때 [   ]
㉡ 주거용 건물 임대업 외: 종합소득 과세표준을 계산할 때 [   ]
⑦ 논·밭을 작물생산에 이용하게 하는 임대소득: [   ]

주거용 건물 임대업: 과세여부 판단

(1) 월세
① 1주택 소유
㉠ 원칙: [   ]
㉡ 예외: 과세
ⓐ [   ]주택: 과세기간 종료일 또는 양도일 현재 [   ] 초과
ⓑ [   ]주택
② 2주택 이상 소유: [   ]

(2) 보증금 등에 대한 간주임대료
① 1주택 소유: 비과세(= 총수입금액에 산입하지 아니함)
② 2주택 소유: 비과세(= 총수입금액에 산입하지 아니함)
③ [   ] 이상 소유: ([ ]제곱미터 이하 + 기준시가 [   ] 이하)는 [   ]
㉠ 보증금 등의 합계액 3억원 이하: 비과세(= 총수입금액에 산입하지 아니함)
㉡ 보증금 등의 합계액 [   ] 초과: [   ](= [   ])

부동산임대업 주택 수의 계산

구 분	주택 수의 계산
다가구주택	① 1개의 주택 ② 구분등기: [ ]을 1개의 주택
공동소유주택	① 원칙: 지분이 가장 큰 사람(2인 이상이면 귀속자로 정한 사람) ② 예외: 지분이 가장 큰 사람이 아니어도 [ ] ㉠ 수입금액이 연간 [ ] 이상 ㉡ [ ]을 초과 + [ ]을 초과하는 지분
전대하거나 전전세	[ ] 또는 [ ]
본인과 배우자	① [ ] ② 공동소유주택: 지분이 더 큰 사람

제4회

익힘장 익히기

05, 06월 문제풀이강의

조세총론

물납과 분할납부

구 분			물납	분할납부
지방세	취득세			
	등록면허세			
	재산세(재산세 도시지역분 포함)			
	소방분 지역자원시설세(재산세를 분할납부하는 경우에만 해당)			
국세	종합부동산세			
	소득세	종합소득세		
		양도소득세		

징수금과 징수금의 징수 순위: 지방세기본법과 지방세징수법

① 지방자치단체의 징수금: ☐ 및 ☐를 말함
② 지방자치단체 징수금의 징수 순위: ☐ → ☐ → ☐

취득 · 보유 및 양도단계

구 분		취득	보유	양도
지방세	지방교육세			
	지방소득세			
국세	종합소득세			
	농어촌특별세			
	인지세			

납세의무의 성립시기

구 분		납세의무의 성립시기
취득세		과세물건을 ☐하는 때
등록에 대한 등록면허세		재산권과 그 밖의 권리를 ☐하거나 ☐하는 때
재산세		☐ : ☐
지방교육세		☐이 되는 세목의 납세의무가 ☐하는 때
지방소득세		☐이 되는 소득에 대하여 ☐ · 법인세의 납세의무가 ☐하는 때
종합부동산세		☐ : ☐
소득세	원칙	☐이 끝나는 때
	중간예납	☐이 끝나는 때
인지세		과세문서를 ☐
농어촌특별세		☐의 납세의무가 ☐하는 때
수시부과		☐할 사유가 발생한 때
가산세		법정신고기한이 ☐하는 때 등

납세의무의 확정 및 가산세

구 분		신고	가산세	결정	가산세
취득세					
등록에 대한 등록면허세					
재산세					
종합부동산세					
소득세	종합소득세				
	양도소득세				

납부의무의 소멸사유

① □　　　② □
③ □가 □되었을 때　　　④ □의 □이 만료되었을 때
⑤ □의 □가 완성되었을 때

지방세 부과의 제척기간

구 분			제척기간
납세자	사기 · 부정		□
	무신고	① □ · □, □ □, □	
		② ① 외의 경우	□
그 밖의 경우			□

조세징수권의 소멸시효

구 분		소멸시효
지방세	① 5천만원 이상	□
	② ① 외	□
국세	① 5억원 이상	□
	② ① 외	□

지방세의 가산세율

구 분			가산세율
신고	무신고	일반	□
		사기 · 부정	□
	과소신고	일반	□
		사기 · 부정	사기 · 부정 □ + 일반 □
납부	① 신고납부: 법정납부기한의 다음 날부터 자진납부일 또는 납세고지일까지의 일수 × □ □(납부하지 아니한 세액, 과소납부분 세액의 □ 한도) ② 납세고지서에 따른 납부기한 ㉠ 납부하지 아니한 세액 또는 과소납부분 세액 × □ ㉡ 납세고지서에 따른 납부기한이 지난 날부터 □이 지날 때마다 □ □, 납세고지서별 · 세목별 세액이 □은 배제)			

조세와 일반채권과의 관계

(1) 조세채권과 일반채권과의 배당순위

<table>
<tr><td rowspan="3">해당 재산에 대하여 부과된 조세:
[ ]
[ ]에 부가되는 지방교육세
[ ]
[ ] 등</td><td>×</td><td colspan="3">[ ]</td></tr>
<tr><td rowspan="2">○</td><td rowspan="2">주택 전세권
등에 따른 채권</td><td>×</td><td>날짜 불문 [ ]
(한도 있음)</td></tr>
<tr><td>○</td><td>[ ]</td></tr>
</table>

(2) 조세채권 사이의 배당순위: [ ] → [ ] → [ ]

조세쟁송: 지방세의 불복청구

① 행정심판 전치주의: [ ] → [ ]
② 행정심판: 심급구조
　㉠ 원칙적 [ ]: 이의신청을 거친 후에 심판청구
　㉡ 선택적 [ ]: 이의신청을 거치지 아니하고 바로 심판청구
③ 청구기한
　㉠ [ ] 이내
　㉡ 천재지변 등의 경우 그 사유가 소멸한 날부터 [ ] 이내 연장
④ [ ]까지 공매처분을 보류할 수 있음

취득세

과점주주의 간주취득

① [ ]을 [ ]
② 취득으로 보지 아니하는 경우: [ ], [ ], 총주식의 비율에 변동이 없는 경우
③ 지분비율: 최초면 [ ], 증가된 경우에는 [ ]

취득세 납세의무자 등

① 등기 등을 하지 아니한 경우라도 [ ]: 소유자 또는 양수인
② 주체구조부 취득자 외의 자가 가설한 경우: [ ]
③ 토지 지목변경 등: [ ]. 이 경우 환지계획에 따라 공급되는 환지는 [ ]이, 체비지 또는 보류지는 [ ]가 각각 취득한 것으로 봄
④ 과점주주[ ]
⑤ 상속: [ ] [ ]
⑥ 조합주택용 부동산: [ ]
⑦ 차량 등을 임차하여 수입하는 경우: 수입하는 자
⑧ 택지공사가 준공된 토지에 정원 등을 조성·설치하는 경우: [ ]의 소유자
⑨ 건축물을 건축하면서 그 건축물에 부수되는 정원 등을 조성·설치하는 경우: [ ]을 취득하는 자
⑩ 신탁재산의 위탁자 지위의 이전이 있는 경우: [ ]
⑪ 乙이 채권확보를 위하여 甲 소유의 미등기건물에 등기: [ ]
⑫ 도시개발사업 등의 시행으로 부동산의 소유자가 환지계획 등에 따라 공급받는 경우 등: 건축물은 [ ]취득, 토지의 경우에는 초과한 면적에 해당하는 부분에 한정하여 [ ]취득

취득의 유형

(1) 배우자 또는 직계존비속의 취득
① 원칙 : □
② 유상 : □(경매 포함), □, □, □(소득 증명, 소유재산 처분 또는 담보, 상속 또는 수증 재산) 등

(2) 부담부증여 : 배우자 또는 직계존비속은 (1)을 준용
① □ : □
② 채무액을 □한 부분 : □

취득세의 비과세

① 국가 등의 취득. 다만, 대한민국 정부기관에 □하는 외국정부는 □
② 국가 등에 귀속 · 기부채납 부동산 및 사회기반시설. 다만, 타인에게 매각 · 증여, 무상사용권을 제공받는 경우 등은 과세
③ 신탁법에 따른 수탁자에게 이전, 위탁자에게 이전, 신수탁자에게 이전. 다만, 조합 등은 과세
④ 「징발재산」 또는 「국가보위」에 따른 □
⑤ 1년 이하 + 임시건축물. 다만, □은 과세
⑥ □ + 개수 + □. 다만, □은 과세

취득의 시기

① 유상
㉠ □[사실상의 잔금지급일을 확인할 수 있는 자료를 제출하지 않는 경우 : □(명시되지 않은 경우 : 계약일부터 □이 경과한 날)]과 □ 또는 등록일 중 □
㉡ 계약해제 : 해당 취득물건을 □ 취득일부터 □에 계약이 해제된 사실이 입증되는 경우에는 취득한 것으로 보지 않음
② 연부 : □의 연부금지급일과 등기일 또는 등록일 중 빠른 날
③ 무상
㉠ 상속 또는 유증 : □ 또는 □개시일
㉡ 증여 등 무상취득 : □과 □ 또는 등록일 중 □
㉢ 계약해제 : 해당 취득물건을 □ 취득일이 속하는 □에 계약이 해제된 사실이 입증되는 경우에는 취득한 것으로 보지 않음
④ 건축 · 개수 : 사용승인서를 내주는 날(임시사용승인일, 무허가는 사실상 사용이 가능한 날)과 사실상의 사용일 중 빠른 날
⑤ 조합원에게 귀속되지 아니하는 토지
㉠ 주택조합 : □
㉡ 재건축조합 등 : □
⑥ 매립 · 간척 : 공사준공인가일. 다만, 공사준공인가일 전에 승낙 등을 받은 경우는 사용승낙일 · 허가일 또는 사실상 사용일 중 빠른 날
⑦ 토지의 지목변경 : □ 변경된 날과 □ 변경된 날 중 □. 다만, 지목변경일 이전에 사용하는 부분은 □
⑧ 점유 : □ 또는 □
⑨ 이혼시 재산분할 : □ 또는 □

취득세의 과세표준

(1) 취득당시가액: 연부취득은 ____(매회 사실상 지급되는 금액, 계약보증금 포함)

① 유상승계취득: 매매 또는 교환 등
　㉠ 원칙: ____
　㉠ 부당행위계산: ____을 취득당시가액으로 결정할 수 있음
② 무상: ____. 다만, 상속은 ____
③ 부담부증여: 채무부담액은 ____취득에서의 과세표준을 적용, ____에서 채무부담액을 뺀 잔액은 ____취득에서의 과세표준을 적용
④ 원시취득과 개수: ____. 다만, 법인이 아닌 자가 건축물을 건축하여 취득하는 경우로서 사실상취득가격을 확인할 수 없는 경우에는 ____
⑤ 토지의 지목을 사실상 변경한 경우: 그 변경으로 증가한 가액에 해당하는 ____. 다만, 법인이 아닌 자의 사실상취득가격을 확인할 수 없는 경우에는 지목변경 이후의 토지에 대한 ____에서 지목변경 전의 토지에 대한 ____을 뺀 가액

(2) 사실상취득가격의 범위

구 분		포함 여부	
		법인	개인
직접비용	계약금, 중도금, 잔금		
간접비용	건설자금이자		
	할부 · 연부이자 및 연체료		
	의무		
	필요		
	약정		
	채권 매각차손(금융회사 한도)		
	중개보수		
	설치비용		
	판매		
	전기 · 가스 · 열		
	별개		
	부가가치세		
할인금액			

(3) 시가인정액의 산정: 취득일 전 ____부터 취득일 후 ____ 이내의 기간

① 매매: 거래가액. 다만, 부당은 제외
② 감정가액: 감정가액의 평균액
③ 경매 또는 공매: 경매가액 또는 공매가액

취득세의 세율

(1) 취득세의 표준세율

취득 원인			표준세율
유상	주택	6억원 이하	1천분의 □
		6억원 초과 9억원 이하	[(취득가액 × 2/3억원) − 3] × 1/100
		9억원 초과	1천분의 □
	농지		1천분의 □
	그 이외 부동산		1천분의 □
상속	농지		1천분의 □
	농지 이외 부동산		1천분의 □
상속 이외	비영리사업자		1천분의 □
	비영리사업자 외		1천분의 □
원시			1천분의 □
공유물의 분할 등(본인 지분 초과 부분은 제외)			1천분의 □
합유물 및 총유물의 분할			1천분의 □

(2) 표준세율 적용시 유의사항

① 조례로 □세율의 □의 범위에서 가감할 수 있음
② 교환: □승계취득의 세율을 적용
③ 건축[신축과 재축은 제외]또는 개수로 인하여 건축물 면적이 증가할 때 □: □취득으로 보아 세율 적용
④ 둘 이상의 세율: □ 세율을 적용
⑤ 부동산이 공유물: 그 취득지분의 가액을 과세표준으로 하여 각각의 세율을 적용
⑥ 주택을 신축 또는 증축한 이후 해당 주거용 건축물의 소유자가 해당 주택의 부속토지를 취득하는 경우: 유상거래를 원인으로 하는 주택 취득의 세율을 □
⑦ 법인이 합병 또는 분할에 따라 부동산을 취득하는 경우: □거래에 따른 농지는 1천분의 □, 농지 외의 것은 1천분의 □

(3) 주택 취득 등 중과세율 적용시 주택 수 판단

구 분		주택 수 포함 여부
주택의 공유지분		
주택의 부속토지		
신탁법에 따라 신탁된 주택	위탁자	
	수탁자	
조합원입주권		
주택분양권		
주택으로 과세하는 오피스텔		

(4) 사치성 재산 등에 대한 중과세율

① 사치성 재산[회원제 골프장, 고급오락장, 고급선박, 고급주택]: 표준세율 + 중과기준세율의 (　　　　)

㉠ 토지의 경계가 명확하지 아니할 때: 건축물 바닥면적의 (　　　)

㉡ 중과에서 제외되는 용도변경공사: (　　　)[상속은 상속개시일이 속하는 달의 말일부터 (　　　)(외국 (　　　))]

② 과밀억제권역: 본점(영리법인) · 주사무소(비영리법인) + 공장

③ 대도시: 법인의 설립, 지점 등의 설치, 대도시로 전입에 따른 부동산

㉠ 휴면법인 인수 포함

㉡ 중과제외대상: 은행업, 할부금융업 등 대도시 중과 제외 업종 부동산

(5) 취득세 세율의 특례: 중과기준세율 = 1천분의 20

구 분		세율의 특례	
		표준세율 − 중과기준세율	중과기준세율
환매등기			
상속	1가구 1주택 및 그 부속토지		
	감면대상 농지		
합병			
공유물 등의 분할	본인 지분		
	본인 지분 초과		
건축물의 이전	종전 가액		
	종전 가액 초과		
이혼	재산분할		
	위자료		
입목			
개수	종전 면적		
	종전 면적 증가		
지목변경			
과점주주			
묘지			
임시건축물	1년 초과		
	1년 이하		
등록면허세에서 보존 · 이전등기			
정원 등의 조성 · 설치			

취득세의 납세절차

(1) 신고납부
① 유상: 그 취득한 날부터 [ ] 이내
② 무상(상속은 제외) 및 부담부증여: 취득일이 속하는 [ ] 이내
③ 상속(실종): 상속개시일(실종선고일)이 속하는 [ ] 이내[외국: [ ] 이내]
④ 중과세율 적용대상과 부과대상 또는 추징대상: [ ] 이내 + 가산세 [ ]
⑤ 등기하거나 등록하려는 경우: 등기·등록관서에 접수하는 날까지

(2) 기한 후 신고: 법정신고기한까지 과세표준 신고서를 제출하지 아니한 자

(3) 납세지
① 부동산 소재지
② 납세지가 불분명: [ ]
③ 둘 이상의 지방자치단체에 걸쳐 있는 경우: [ ]

(4) 취득세의 면세점: [ ]이 [ ] 이하 + [ ] 이내

(5) 보통징수와 가산세
① 보통징수: 신고 등 의무를 다하지 아니한 경우 또는 일시적 2주택이 [ ] 내에 종전 주택을 처분하지 못한 경우
② 시가인정액으로 신고한 후 경정하기 전에 수정신고한 경우: 무신고가산세 및 과소신고가산세를 [ ]
③ 법인의 장부 등 작성과 보존의무 불이행에 대한 가산세: [ ]
④ 신고를 하지 아니하고 매각하는 경우: [ ]. 다만, 지목변경 등은 [ ]
⑤ 국가 등의 매각 통보: 매각일부터 [ ] 이내
⑥ 등기·등록관서의 장의 취득세 미납부 및 납부부족액에 대한 통보: 다음 달 [ ]까지

등록에 대한 등록면허세

등록: 다음의 등기나 등록은 포함

① 광업권·어업권 및 양식업권
② 외국인 소유 물건의 연부 취득
③ 취득세 [ ]이 경과한 물건
④ 취득세 [ ]에 해당하는 물건

납세의무자: 등록을 하는 자(= 등기권리자)

① 전세권 설정등기: [ ]
② 전세권 말소등기: [ ]

등록면허세의 비과세

① 국가 등이 받는 등록. 다만, 대한민국 정부기관에 [ ]하는 외국정부는 [ ]
② 체납으로 인한 압류해제의 등기 등
③ 공무원의 착오로 지번 오기에 대한 경정
④ [ ]인 토지에 관한 등기

등록면허세의 과세표준과 세율

(1) 과세표준과 표준세율

구 분				과세표준	표준세율
소유권	보존등기			부동산가액	1천분의 □
	이전등기	유상	주택		취득세율 × 100분의 50
			주택 외		1천분의 □
		무상	상속		1천분의 □
			상속 외		1천분의 □
가등기		설정 이전		부동산가액 채권금액	1천분의 □
지상권				부동산가액	
경매신청 가압류 저당권 가처분				채권금액	
지역권				요역지가액	
전세권				전세금액	
임차권				월임대차금액	
말소등기, 지목변경 등				건당	□

(2) 과세표준과 표준세율 적용

① 등록 당시의 가액: 신고가액. 다만, 신고가 없거나 신고가액이 시가표준액보다 적은 경우에는 □

② 취득세 면세점 등에 해당하는 물건의 등기 또는 등록: □(취득세 부과제척기간이 경과한 물건은 □과 □ 중 □). 다만, 등록 당시에 자산재평가 또는 감가상각 등의 사유로 그 가액이 달라진 경우에는 □

③ 채권금액이 없을 때: 채권의 목적이 된 것의 가액 또는 처분의 제한의 목적이 된 금액

④ 산출세액이 □ 보다 적을 때에는 □으로 함

⑤ 조례로 □세율의 □의 범위에서 가감할 수 있음

(3) 중과세율: 표준세율의 □

① 중과세 대상: 대도시에서 법인 □, 지점이나 분사무소의 □, 대도시 밖에서 대도시로의 □

② 중과세 제외대상: 은행업, 할부금융업 등 대도시 중과 제외 업종

등록면허세의 납세절차

(1) 신고납부

① 등록을 하기 전까지(= 등기·등록관서에 접수하는 날까지)

② 중과세대상, 부과대상 또는 추징대상: □ 이내 + 가산세 □

③ 신고의무를 다하지 아니한 경우에도 등록을 하기 전까지 납부하였을 때: 신고를 하고 납부한 것으로 봄. 이 경우 무신고가산세 및 과소신고가산세를 □

등록면허세의 납세절차

(2) 납세지
① 부동산 소재지
② 납세지가 불분명: [   ]
③ 둘 이상에 걸쳐 있어 지방자치단체별로 부과할 수 없을 때: [   ]
④ 같은 채권의 담보를 위하여 설정하는 둘 이상의 저당권을 등록하는 경우: [   ] 등록하는 [   ] [   ]
(3) 보통징수와 가산세
(4) 등기 · 등록관서의 장의 등록면허세 미납부 및 납부부족액에 대한 통보: 다음 달 [   ]까지

재산세

재산세의 납세의무자

① [   ] 현재 [   ]
② 공유재산: [   ](지분의 표시가 없으면 [   ]한 것으로 봄)
③ 주택의 건물과 부속토지의 소유자가 다를 경우: 산출세액을 [   ] 비율로 안분
④ 소유권 변동신고 또는 종중소유임을 신고하지 아니한 경우: [   ]
⑤ 상속등기 × + 신고 ×: [   ][상속지분이 가장 높은 사람 → 나이가 가장 많은 사람]
⑥ 국가 등 + 연부 + 사용권 무상: [   ]
⑦ [   ] + 선수금 + [   ]: 사용권을 [   ]으로 받은 자
⑧ 수탁자 명의의 신탁재산: [   ]
⑨ 체비지 또는 보류지: [   ]
⑩ 항공기 또는 선박을 임차하여 수입하는 경우: 수입하는 자
⑪ 파산선고 이후 파산종결의 결정까지 파산재단에 속하는 재산의 경우: [   ]
⑫ 소유권 귀속이 분명하지 아니한 경우: [   ]

재산세 과세대상의 구분

(1) 공부상 등재 현황과 사실상의 현황이 다른 경우: 사실상 현황
(2) 주택: 토지와 건축물의 범위에서 주택은 [   ]
① 주택 부속토지의 경계가 명백하지 아니한 경우: 주택의 바닥면적의 [   ]
② 주거용과 주거 외의 용도를 겸하는 건물: 1동은 주거용 부분만, 1구는 [   ] 이상이면 주택
③ 다가구주택: 구분된 부분을 [   ]

토지에 대한 재산세의 과세방법

(1) 농지[전 · 답 · 과수원]
① 개인
㉠ 영농 ×: 종합합산과세대상
㉡ 영농 ○
ⓐ [ ], [ ], [ ], [ ]: 분리과세대상
ⓑ ⓐ 외: 종합합산과세대상
② 법인 · 단체: 열거된 5가지[농업법인, 한국농어촌공사, 1990.5.31 이전 사회복지사업자, 매립 · 간척, 1990.5.31 이전 종중]는 분리과세대상, 그 외는 종합합산과세대상

(2) 목장용지: [ ], [ ](1989.12.31 이전)에서 이내이면 분리과세대상이고 초과이면 종합합산과세대상, 그 외의 지역은 종합합산과세대상

(3) 임야: 열거된 지정문화유산 안의 임야, 공원자연[ ]지구의 임야, 1990.5.31 이전부터 종중이 소유하는 임야, 1990.5.31 이전부터 소유하는 상수원보호구역 임야 및 1989.12.31 이전부터 소유하는 개발제한구역의 임야 등은 분리과세대상, 그 외는 종합합산과세대상 등

(4) 공장용지 등
① 초과이면 종합합산과세대상
② 이내이면 지역 확인: [ ], [ ], [ ]은 분리과세대상, 그 외의 지역은 별도합산과세대상
③ 공장용지와 동일한 분리과세대상: 국방상 목적의 공장 구내의 토지, [ ], 여객자동차터미널 및 물류터미널용 토지, 공모부동산투자회사

(5) 회원제골프장용 토지와 고급오락장용 토지: 분리과세대상

(6) 영업용 건축물의 부속토지 등
① 이내는 별도합산과세대상, 초과는 종합합산과세대상
② 건축물(공장용 건축물은 제외)의 시가표준액이 토지의 [ ]에 미달하는 토지 중 건축물 바닥면적을 [ ]한 토지: 종합합산과세대상
③ 허가 등을 받지 아니한 또는 사용승인을 받지 아니한 건축물의 토지: 종합합산과세대상
④ 별도합산과세대상으로 보는 토지: 차고용 토지, 자동차운전학원용 토지, 스키장 및 골프장용 토지 중 [ ]이 보전된 임야

재산세의 비과세

① [ ]의 보유. 다만, 대한민국 재산에 [ ]하는 외국정부는 [ ]
② 국가 등이 [ ] 이상 [ ] 또는 [ ]으로 사용하는 재산. 다만, [ ] 또는 [ ]은 과세
③ 「도로법」에 따른 도로와 사설 도로. 다만, 휴게시설, 연구시설 등과 [ ]는 과세
④ [ ], [ ], [ ], [ ], [ ]. 다만, 특정인이 전용하는 [ ]은 과세
⑤ [ ]보호구역에 있는 토지. 다만, [ ] 및 [ ]는 과세
⑥ 산림보호구역 및 채종림 · 시험림
⑦ 공원자연[ ]지구의 임야
⑧ 백두대간보호지역의 임야
⑨ [ ] 미만 + 임시건축물. 다만, [ ]은 과세
⑩ 철거명령을 받았거나 철거보상계약이 체결된 건축물 또는 주택. 다만, [ ]는 과세

재산세의 과세표준

① 토지: 시가표준액[개별공시지가] × □의 공정시장가액비율
② 건축물: 시가표준액[결정한 가액] × □의 공정시장가액비율
③ 주택
　㉠ 시가표준액[단독은 개별주택가격 또는 공동은 공동주택가격] × □의 공정시장가액비율
　㉡ □의 과세표준이 □보다 큰 경우에는 □으로 함
④ 선박과 항공기: 시가표준액

재산세의 세율

(1) 표준세율

구 분			표준세율
토지	분리	농지(전 · 답 · 과수원), 목장용지, 임야	1천분의 □
		공장용지 등	1천분의 □
		회원제 골프장용 토지 고급오락장용 토지	1천분의 □
	종합합산		1천분의 □~1천분의 □
	별도합산		1천분의 □~1천분의 □
건축물	회원제 골프장, 고급오락장용 건축물		1천분의 □
	시(읍 · 면지역은 제외) 주거지역 등의 공장용 건축물		1천분의 □
	그 밖의 건축물		1천분의 □
주택	9억원 이하 + 1세대 1주택		1천분의 □~1천분의 □
	그 외		1천분의 □~1천분의 □
선박	고급선박		1천분의 □
	그 밖의 선박		1천분의 □
항공기			1천분의 □

(2) 세율의 적용 방법

① 토지에 대한 재산세
　㉠ 분리과세대상: 토지의 가액에 세율 적용
　㉡ 종합합산과세대상: 관할구역 + □ 금액에 세율 적용
　㉢ 별도합산과세대상: 관할구역 + □ 금액에 세율 적용
② 주택에 대한 재산세
　㉠ □로 세율 적용
　㉡ 주택을 2명 이상이 공동으로 소유하거나 토지와 건물의 소유자가 다를 경우: 토지와 건물의 가액을 □ 금액에 세율 적용
③ □세율: 조례로 □의 범위에서 가감할 수 있음. 다만, 가감한 세율은 □에만 적용

재산세의 납세절차

(1) 과세기준일과 납기
① 과세기준일: (   )
② 납기
㉠ 토지: (   )
㉡ 건축물: (   )
㉢ 주택: 세액의 2분의 1은 (   ), 나머지 2분의 1은 (   ). 다만, 세액이 (   )인 경우에는 조례로 정하는 바에 따라 납기를 (   )로 하여 한꺼번에 부과·징수할 수 있음
㉣ 선박과 항공기 : 매년 7월 16일부터 7월 31일까지

(2) 징수방법
① 보통징수: 납기개시 (   ) 전까지 발급
② (   )로 부과·징수할 수 (   )
③ 소액징수면제: 세액이 (   )
④ 납세지: 부동산 소재지
⑤ (   )와 (   )에 대한 세 부담의 상한: (   )
⑥ 납부유예
㉠ (   ) + 그 납부기한 만료 (   ) 전까지 신청 + (   ) 제공
㉡ 납부유예 허가의 취소: 해당 주택을 타인에게 양도하거나 증여하는 경우 등

(3) 물납
① 물납의 요건과 물납대상: (   ) 초과 + 관할구역 부동산
② 물납의 신청: 납부기한 (   ) 전까지
③ 부동산 평가: (   ) 현재의 시가

(4) 분할납부
① 분할납부의 요건: (   ) 초과 + (   ) 이내
② 분할납부의 신청: (   )
③ 분할납부세액
㉠ 납부할 세액이 500만원 이하인 경우: (   )을 초과하는 금액
㉡ 납부할 세액이 500만원을 초과하는 경우: 그 세액의 (   ) 이하의 금액

종합부동산세

종합부동산세의 과세방법

구 분			납세의무자	공정시장가액비율	세부담 상한
주택	개인	2주택 이하	재산세의 납세의무자	( )	( )
		3주택 이상			
	법인	2주택 이하			없음 (( ) 적용시)
		3주택 이상			
토지	종합합산		( ) 초과	( )	( )
	별도합산		( ) 초과		( )

종합부동산세 과세표준의 산정

(1) 주택
① 개인
㉠ 일반: (주택 공시가격 합계액 − □) × □의 공정시장가액비율
㉡ 단독소유 + 1세대 1주택 + 거주자: (주택 공시가격 합계액 − □) × □의 공정시장가액비율
② □세율이 적용되는 법인 또는 법인으로 보는 단체: 주택 공시가격 합계액 × □의 공정시장가액비율

(2) 토지
① 종합합산과세대상 토지: (종합합산 공시가격 합계액 − □) × □의 공정시장가액비율
② 별도합산과세대상 토지: (별도합산 공시가격 합계액 − □) × □의 공정시장가액비율

단독소유 + 1세대 1주택 + 거주자

(1) 과세표준 계산시 공제: □

(2) 세액공제: [①과 ②은 최대 □ 의 범위 내에서 중복 적용]
① 연령별 세액공제: 만 □ 이상인 자
㉠ 만 60세 이상 만 65세 미만: □
㉡ 만 65세 이상 만 70세 미만: □
㉢ 만 70세 이상: □
② 보유기간별 세액공제: □ 이상 보유한 자
㉠ 5년 이상 10년 미만: □
㉡ 10년 이상 15년 미만: □
㉢ 15년 이상: □

(3) 공동명의 1주택자의 납세의무 등에 관한 특례: 단독소유 1주택으로 신청할 수 있음

(4) 동거봉양 또는 혼인의 경우 각각 1세대로 보는 기간
① 동거봉양: □ 동안
② 혼인: □ 동안

종합부동산세의 세율

구 분			세 율
주택	개인	2주택 이하	1천분의 □~1천분의 □의 7단계 초과누진세율
		3주택 이상	1천분의 □~1천분의 □의 7단계 초과누진세율
	법인 (공익법인 등은 제외)	2주택 이하	1천분의 □
		3주택 이상	1천분의 □
토지	종합합산		1천분의 □~1천분의 □의 3단계 초과누진세율
	별도합산		1천분의 □~1천분의 □의 3단계 초과누진세율

이중과세 조정과 세율 적용시 주택 수의 계산 등

① 이중과세 조정
　㉠ ____로 부과된 세액은 공제
　㉡ 가감조정된 세율이 ____ 세액, 세부담 상한을 ____ 세액
② 세부담의 상한: 직전 연도 과세기준일 현재 소유한 것으로 보아 계산함
③ 세율 적용시 주택 수
　㉠ 공동소유주택: ____
　㉡ 다가구주택: 1주택
　㉢ 주택 수에 불포함: 합산배제 임대주택, 합산배제 ____ 등

종합부동산세의 절차적 사항

(1) 과세기준일과 납기
① 과세기준일: ____
② 납기: ____

(2) 징수방법
① 관할세무서장의 결정: 납부기간 개시 ____ 전까지 납부고지서 발부
② 다만, 선택적 신고납부: 이 경우 관할세무서장의 결정은 없었던 것으로 봄
③ 납세지: 개인은 「소득세법」 준용
　㉠ 거주자: ____ → ____
　㉡ 비거주자: 국내사업장의 소재지 → 국내원천소득이 발생하는 장소 → ____ 또는 ____의 소재지
④ 가산세: 무신고 ____, 과소와 납부는 ____

(3) 분납
① 분납의 요건: ____ 초과 + ____ 이내
② 분납세액
　㉠ 납부하여야 할 세액이 250백만원 초과 500만원 이하: 해당 세액에서 ____을 차감한 금액
　㉡ 납부하여야 할 세액이 500만원을 초과: 해당 세액의 ____ 이하의 금액
③ 분납의 신청: ____

소득세

소득세법 총설

① ____: 이자 + 배당 + 사업소득[부동산임대업과 사업적인 양도(건설업과 부동산매매업)] + 근로 + 연금 + 기타소득
② ____: 퇴직소득과 양도소득
③ 거주자: 국내에 ____를 두거나 ____ 이상 거소 − ____ + 국외소득(국외자산양도는 ____ 이상)
④ 비거주자: ____

양도소득세의 과세대상: 국내소재로 가정

<table>
<tr><th colspan="2">구 분</th><th>과세대상 여부</th></tr>
<tr><td colspan="2">지상권</td><td></td></tr>
<tr><td colspan="2">지역권</td><td></td></tr>
<tr><td colspan="2">전세권</td><td></td></tr>
<tr><td colspan="2">등기되지 않은 부동산임차권</td><td></td></tr>
<tr><td colspan="2">조합원입주권과 분양권</td><td></td></tr>
<tr><td colspan="2">토지상환채권과 주택상환사채</td><td></td></tr>
<tr><td colspan="2">사업에 사용하는 토지와 분리되어 양도하는 영업권</td><td></td></tr>
<tr><td rowspan="2">이축권</td><td>토지 또는 건물과 함께 양도하는 이축권</td><td></td></tr>
<tr><td>해당 이축권 가액을 별도로 평가하여 신고하는 경우</td><td></td></tr>
<tr><td colspan="2">골프회원권(관련 주식 포함)</td><td></td></tr>
<tr><td colspan="2">건설업과 부동산매매업</td><td></td></tr>
</table>

양도로 보는 경우와 보지 않는 경우

<table>
<tr><th colspan="4">구 분</th><th>양도 여부</th></tr>
<tr><td colspan="4">현물출자</td><td></td></tr>
<tr><td colspan="4">대물변제</td><td></td></tr>
<tr><td rowspan="2">이혼</td><td colspan="3">위자료</td><td></td></tr>
<tr><td colspan="3">재산분할</td><td></td></tr>
<tr><td colspan="4">수용</td><td></td></tr>
<tr><td rowspan="5">부담부증여</td><td rowspan="2">일반</td><td colspan="2">채무액</td><td></td></tr>
<tr><td colspan="2">채무액을 제외한 부분</td><td></td></tr>
<tr><td rowspan="3">배우자
직계존비속</td><td rowspan="2">채무액</td><td>원칙</td><td></td></tr>
<tr><td>입증되는 경우</td><td></td></tr>
<tr><td colspan="2">채무액을 제외한 부분</td><td></td></tr>
<tr><td colspan="4">환지처분으로 지목 또는 지번의 변경</td><td></td></tr>
<tr><td colspan="4">보류지로 충당</td><td></td></tr>
<tr><td rowspan="2">양도담보</td><td colspan="3">계약체결시</td><td></td></tr>
<tr><td colspan="3">채무불이행</td><td></td></tr>
<tr><td rowspan="2">신탁</td><td colspan="3">설정 또는 해지</td><td></td></tr>
<tr><td colspan="3">위탁자의 지배를 벗어나는 경우</td><td></td></tr>
<tr><td rowspan="2">공유물 분할</td><td colspan="3">지분 변경 없음</td><td></td></tr>
<tr><td colspan="3">지분 변경 있음</td><td></td></tr>
<tr><td colspan="4">매매원인 무효의 소</td><td></td></tr>
<tr><td colspan="4">경매·공매로 인하여 자기가 재취득</td><td></td></tr>
</table>

1세대 1주택 양도의 비과세

(1) 1세대

① ☐ 및 그 배우자. 부부가 각각 단독세대를 구성한 경우에도 ☐
② 배우자가 없어도 1세대로 보는 경우: ☐ 이상, ☐하거나 ☐, 기준 중위소득을 12개월로 환산한 금액의 ☐ 이상

(2) 1주택: 양도일 현재 국내에 1주택

① ☐ 주거용으로 사용하는 건물
② 주택부수토지의 한도: 도시지역 밖은 ☐, 도시지역 내 수도권 밖과 수도권 내 녹지지역은 ☐, 그 외는 ☐
③ 겸용주택

구 분	겸용주택의 판단	
	일반주택	고가주택
주택 연면적 > 주택 외 연면적	전부 주택	주택 부분만 주택
주택 연면적 ≤ 주택 외 연면적	주택 부분만 주택	주택 부분만 주택

④ 다가구주택: 구획된 부분을 ☐ 하나의 주택. 다만, 하나의 매매단위로 하여 양도하는 경우에는 그 ☐를 하나
⑤ 고가주택: 양도당시 ☐의 합계액이 ☐ 초과
⑥ 공동소유주택: 특별한 규정이 있는 것 외에는 ☐
⑦ 1세대 2주택을 1주택으로 보는 경우
㉠ 수도권 밖: 사유가 해소된 날부터 ☐ 이내
㉡ 동거봉양: 한 사람이 60세 이상 또는 요양급여는 60세 미만 + ☐ 이내
㉢ 혼인: ☐ 이내
㉣ 농어촌주택: 일반주택을 양도하는 경우. 귀농주택귀농주택(3년 이상 영농 · 영어)은 ☐ 이내 일반주택 양도
㉤ 일시적인 2주택: 1년 이상이 지난 후 + ☐ 이내
㉥ 상속: ☐을 양도하는 경우

(3) 1세대 1주택의 경우로서 보유기간 및 거주기간의 제한을 받지 아니하는 경우

① 건설임대주택 + 임차일부터 양도일까지 거주한 기간이 ☐ 이상
② 사업인정 고시일 ☐ 취득 + 수용
③ 해외이주 + 출국일부터 ☐ 이내
④ ☐ 이상 국외거주를 필요로 하는 취학 또는 ☐ + 출국일부터 ☐ 이내
⑤ 다른 시 · 군으로 취학, ☐, 질병요양 + ☐ 이상 거주

농지의 교환 또는 분합에 대한 비과세

① 농지의 범위: 논밭이나 과수원
② 비과세 요건: 쌍방 토지가액의 차액이 가액이 큰 편의 □ 이하
③ 경작상 필요: □ 이상 경작. 수용되는 경우에는 □ 이상 농지 소재지에 거주하면서 경작한 것으로 보며, 피상속인의 경작기간과 상속인의 경작기간을 통산

미등기양도자산(미등기양도 제외자산 아님)에 대한 제재

구 분	제재의 내용
비과세와 감면	배제
필요경비개산공제	등기 □(미등기는 □)
장기보유특별공제	배제
양도소득기본공제	배제
세율	□

미등기양도제외 자산: 법령이 정하는 자산

① □조건
② □의 규정 또는 □의 결정
③ 비과세대상 □의 교환 또는 분합, 감면대상 자경농지 및 농지대토
④ 비과세요건을 충족한 □ 등
⑤ □에 따른 취득등기를 하지 아니하고 양도하는 토지
⑥ □에 따라 체비지를 양도

양도 또는 취득시기

① 대금을 청산한 날. 양수자가 부담하는 양도소득세 등은 □
② 대금을 청산한 날이 불분명: 등기·등록접수일 또는 명의개서일
③ 대금을 청산하기 전 등기: 등기접수일
④ 장기할부조건: 소유권이전등기접수일·인도일 또는 사용수익일 중 □
⑤ 자기가 건설한 건축물
   ㉠ 허가: 사용승인서 교부일과 사실상의 사용일 또는 임시사용승인을 받은 날 중 빠른 날
   ㉡ 무허가: □
⑥ 상속: □
⑦ 증여: □
⑧ 점유: □
⑨ 수용: 대금을 청산한 날, 수용의 개시일 또는 소유권이전등기접수일 중 □. 다만, 소송으로 보상금이 공탁된 경우에는 소유권 관련 소송 판결 확정일
⑩ 대금을 청산한 날까지 완성 또는 확정되지 아니한 경우: □
⑪ 환지처분: □. 다만, 증감된 경우는 환지처분의 □
⑫ 무효판결: □

양도가액과 취득가액의 산정원리

① 양도가액을 [　　　]에 따를 때에는 취득가액도 [　　　]에 따름
② 추계순서
　㉠ 양도가액 : [　　　] → [　　　] → [　　　]
　㉡ 취득가액 : [　　　] → [　　　] → [　　　] → [　　　]
③ 용어의 정의
　㉠ 매매사례가액과 감정가액 : [　　] 이내
　㉡ 환산취득가액 : 양도당시의 실지거래가액 등 × [취득당시의 [　　　] / 양도당시의 [　　　]]
　㉢ 기준시가
　　ⓐ 토지 : [　　　]
　　ⓑ 단독주택 : [　　　]
　　ⓒ 공동주택 : [　　　]
　　ⓓ 부동산을 취득할 수 있는 권리 : 납입한 금액 + [　　　]
　㉣ 매매사례가액 또는 감정가액이 특수관계인과의 거래에 따른 가액 등으로서 객관적으로 부당하다고 인정되는 경우에는 해당 가액을 적용하지 아니함
④ 토지 또는 건물에 대한 필요경비개산공제액 : 취득당시 기준시가 × [　　　] [미등기 : 취득당시 기준시가 × [　　　]]

실지거래가액에 의한 필요경비 포함 여부

구 분		포함 여부
납부영수증이 없는 취득세		
상속세		
현재가치할인차금	원칙	
	필요경비 산입금액	
부당행위계산에 의한 시가초과액		
취득관련 소송비용	원칙	
	필요경비 산입금액	
이자상당액	약정이자	
	지급기일 지연이자	
감가상각비로 필요경비 산입금액		
지적공부상 면적 증가로 징수한 조정금		
수익적 지출액		
취득 후 소송비용	원칙	
	필요경비 산입금액	
용도변경 · 개량 또는 이용편의		
개발부담금과 재건축부담금		
양도소득세과세표준 신고서 작성비용		
공증비용, 인지대 및 소개비		
명도비용		
금융기관 매각차손을 한도로 국민주택채권 및 토지개발채권 매각차손		

장기보유특별공제

① 대상: □ 또는 □과 조합원입주권(조합원으로부터 취득한 것은 □)
② 보유기간: □ 이상
　㉠ 취득일부터 양도일까지
　㉡ 이월과세: □ 배우자 또는 직계존비속이 해당 자산을 취득한 날부터 기산
　㉢ 가업상속공제: □이 해당 자산을 취득한 날부터 기산
③ 공제액
　㉠ 일반적인 경우: □~□
　㉡ 1세대 1주택: □ 이상 보유기간 중 거주기간이 □ 이상
　　ⓐ 보유기간: □~□
　　ⓑ 거주기간: □~□
④ 공제방법: □로 각각 공제
⑤ 적용배제
　㉠ □(법령이 정하는 자산은 □)
　㉡ □

양도소득기본공제

① 대상: 각 호의 □로 각각 연 □
　㉠ □: □ 또는 □·□ 및 □에 따른 소득
　㉡ 제2호: 주식 등
　㉢ 제3호: 파생상품 등
　㉣ 제4호: 신탁 수익권
② □에서 먼저 공제하고, 감면 외에서는 □ 양도한 자산
③ 공유자산: 공유자 각각 공제
④ 적용배제: □(법령이 정하는 자산은 □)

양도소득금액계산의 특례

(1) 비과세요건을 충족한 고가주택 양도차익 등

① 고가주택 양도차익 = 양도차익 × [(양도가액 − □)/양도가액]
② 고가주택 장기보유특별공제액 = 장기보유특별공제액 × [(양도가액 − □)/양도가액]

(2) 부담부증여에 대한 양도가액 및 취득가액의 계산

① 부담부증여 양도가액 = 「상속세 및 증여세법」에 따라 평가한 가액 × (□)
② 부담부증여의 취득가액 = 취득당시 취득가액 × (□)

(3) 특수관계인간 고가양수 또는 저가양도의 부당행위계산 부인

시가와 거래가액의 차액이 □ 이상이거나 시가의 □에 상당하는 금액 이상인 경우 □로 계산

양도소득금액계산의 특례

(4) 배우자 또는 직계존비속으로부터 증여받은 자산에 대한 이월과세(= 양도소득의 필요경비 계산 특례)

① 수증자와의 관계: □(이혼은 □하고, 사망은 □) 또는 □
② 적용대상자산: 토지 또는 건물, 부동산을 취득할 수 있는 권리, 시설물이용권
③ 양도일까지의 기간: □ 이내
④ 납세의무자: □
⑤ 취득가액, 자본적지출액, 장기보유특별공제, 세율: □
⑥ 양도소득세 연대납세의무: □
⑦ 증여세: 양도차익 계산시 □에 산입
⑧ 적용 배제
　㉠ 소급하여 □ 이전 증여 + □된 경우
　㉡ 1세대 1주택 비과세를 적용받는 경우
　㉢ 이월과세 적용시 세액□이월과세 미적용시 세액

(5) 특수관계인간 증여 후 양도행위의 부인

① 수증자와의 관계: □(이월과세가 적용되는 배우자 및 직계존비속은 □)
② 양도일까지의 기간: □ 이내
③ 적용 요건: (수증자의 증여세 + 수증자의 양도소득세)□증여자가 직접 양도하는 경우로 보아 계산한 양도소득세
④ 납세의무자: □
⑤ 양도소득세 연대납세의무: □
⑥ 증여세: 부과를 취소하고 수증자에게 환급
⑦ 적용 배제: 양도소득이 해당 수증자에게 실질적으로 귀속된 경우

(6) 양도차손(= 결손금)의 공제

① 양도차손의 공제: 각 호의 □로 양도차손을 □에서 공제
　㉠ 토지 또는 건물·부동산에 관한 권리 및 기타자산에 따른 소득
　㉡ 주식등의 양도로 발생하는 소득
　㉢ 파생상품등의 거래 또는 행위로 발생하는 소득
　㉣ 신탁 수익권에 따른 소득
② 이월결손금의 공제: 이월공제는 받을 수 □

양도소득세의 세율: 토지 또는 건물 및 부동산에 관한 권리

(1) 일반적으로 적용되는 세율
① 미등기(법령이 정하는 자산은 제외): 100분의 □
② 등기

구 분	주택과 조합원입주권	분양권	그 외	비사업용토지
1년 미만	100분의 □	100분의 □	100분의 □	큰 세액
1년 이상 2년 미만	100분의 □	100분의 □	100분의 □	큰 세액
2년 이상	□%~□%	100분의 □	□%~□%	□%~□%

(2) 중복되는 경우: 양도소득 산출세액 중 □세액

(3) 세율 적용시 보유기간: 상속은 □이 취득한 날부터 기산

양도소득 과세표준 예정신고

구 분		예정신고기간
토지 또는 건물 부동산에 관한 권리 기타자산 신탁 수익권	일반	양도일이 속하는 [ ]
	토지거래계약허가 (대금청산 → 허가)	[ ](또는 [ ])이 속하는 [ ]
	부담부증여	양도일이 속하는 [ ]

양도소득세의 납세절차

(1) 예정신고

① 양도차익이 없거나 양도차손이 발생한 경우: [ ]

② 수시부과세액: [ ]하여 납부

③ 예정신고납부 이행: 세액공제 [ ], 불이행: [ ]

(2) 확정신고납부

① 다음연도 [ ]

② 예정신고를 한 자는 해당 소득에 대한 확정신고를 하지 아니할 수 있음

③ 다만, [ ]세율 자산에 대한 예정신고를 [ ] 이상 한 자가 [ ]하여 신고하지 아니한 경우: 확정신고를 하여야 함

④ 예정신고와 관련하여 무신고가산세가 부과되는 부분에 대해서는 확정신고와 관련하여 무신고가산세를 적용하지 아니함

(3) 납세지

① 거주자: [ ] → [ ]

② 비거주자: 국내사업장 소재지 → 국내원천소득이 발생하는 장소

(4) 분할납부

① 분할납부의 요건: [ ] 초과 + [ ] 이내

② 분할납부세액

㉠ 납부할 세액이 2천만원 이하인 경우: [ ]을 초과하는 금액

㉡ 납부할 세액이 2천만원을 초과하는 경우: 그 세액의 [ ] 이하의 금액

③ 분할납부의 신청: 예정신고기한 또는 확정신고기한까지

국외부동산양도에 대한 양도소득세

① 납세의무자: [ ] 이상

② 환차익을 양도소득의 범위에서 [ ]

③ 양도가액과 취득가액의 산정방법: [ ] → [ ]

④ 기준시가와 필요경비개산공제: [ ]

⑤ 장기보유특별공제는 [ ]

⑥ 양도소득기본공제는 [ ]

⑦ 세율: 6%~45%의 8단계 초과누진세율

⑧ 양도차익의 외화환산: 기준환율 또는 재정환율

⑨ 외국납부세액의 이중과세조정: [ ] 또는 [ ]

부동산임대업의 범위 등

① 지역권·지상권을 설정하거나 대여
  ㉠ 공익사업과 관련 없음: [ ]소득
  ㉡ 공익사업과 관련 있음: 기타소득
② 미등기 부동산 [ ]
③ 사업자등록 여부에 관계없이 [ ]
④ 공공요금 납부액의 초과금액: 총수입금액에 [ ]
⑤ 간주임대료를 계산하는 과정에서 차감하는 금융수익: [ ]와 [ ], [ ]
⑥ 결손금
  ㉠ 주거용 건물 임대업: 종합소득 과세표준을 계산할 때 [ ]
  ㉡ 주거용 건물 임대업 외: 종합소득 과세표준을 계산할 때 [ ]
⑦ 논·밭을 작물생산에 이용하게 하는 임대소득: [ ]

주거용 건물 임대업: 과세여부 판단

(1) 월세
① 1주택 소유
  ㉠ 원칙: [ ]
  ㉡ 예외: 과세
    ⓐ [ ]주택: 과세기간 종료일 또는 양도일 현재 [ ] 초과
    ⓑ [ ]주택
② 2주택 이상 소유: [ ]

(2) 보증금 등에 대한 간주임대료
① 1주택 소유: 비과세(= 총수입금액에 산입하지 아니함)
② 2주택 소유: 비과세(= 총수입금액에 산입하지 아니함)
③ [ ] 이상 소유: ([ ]제곱미터 이하 + 기준시가 [ ] 이하)는 [ ]
  ㉠ 보증금 등의 합계액 3억원 이하: 비과세(= 총수입금액에 산입하지 아니함)
  ㉡ 보증금 등의 합계액 [ ] 초과: [ ](= [ ])

부동산임대업 주택 수의 계산

구 분	주택 수의 계산
다가구주택	① 1개의 주택 ② 구분등기: [ ]을 1개의 주택

공동소유주택	① 원칙: 지분이 가장 큰 사람(2인 이상이면 귀속자로 정한 사람)
	② 예외: 지분이 가장 큰 사람이 아니어도 [ ]
	  ㉠ 수입금액이 연간 [ ] 이상
	  ㉡ [ ]을 초과 + [ ]을 초과하는 지분

전대하거나 전전세	[ ] 또는 [ ]
본인과 배우자	① [ ] ② 공동소유주택: 지분이 더 큰 사람

제5회

익힘장 익히기

07, 08월 핵심요약강의

박문각 공인중개사

조세총론

물납과 분할납부

구 분			물납	분할납부
지방세	취득세			
	등록면허세			
	재산세(재산세 도시지역분 포함)			
	소방분 지역자원시설세(재산세를 분할납부하는 경우에만 해당)			
국세	종합부동산세			
	소득세	종합소득세		
		양도소득세		

징수금과 징수금의 징수 순위: 지방세기본법과 지방세징수법

① 지방자치단체의 징수금: ____ 및 ____를 말함
② 지방자치단체 징수금의 징수 순위: ____ → ____ → ____

취득·보유 및 양도단계

구 분		취득	보유	양도
지방세	지방교육세			
	지방소득세			
국세	종합소득세			
	농어촌특별세			
	인지세			

납세의무의 성립시기

구 분		납세의무의 성립시기
취득세		과세물건을 ____하는 때
등록에 대한 등록면허세		재산권과 그 밖의 권리를 ____하거나 ____하는 때
재산세		____ : ____
지방교육세		____이 되는 세목의 납세의무가 ____하는 때
지방소득세		____이 되는 소득에 대하여 ____·법인세의 납세의무가 ____하는 때
종합부동산세		____ : ____
소득세	원칙	____이 끝나는 때
	중간예납	____이 끝나는 때
인지세		과세문서를 ____
농어촌특별세		____의 납세의무가 ____하는 때
수시부과		____할 사유가 발생한 때
가산세		법정신고기한이 ____하는 때 등

납세의무의 확정 및 가산세

구 분		신고	가산세	결정	가산세
취득세					
등록에 대한 등록면허세					
재산세					
종합부동산세					
소득세	종합소득세				
	양도소득세				

납부의무의 소멸사유

① □　　② □

③ □가 □되었을 때　　④ □의 □이 만료되었을 때

⑤ □의 □가 완성되었을 때

지방세 부과의 제척기간

구 분			제척기간
납세자	사기 · 부정		□
	무신고	① □ · □, □ □, □	
		② ① 외의 경우	□
그 밖의 경우			□

조세징수권의 소멸시효

구 분		소멸시효
지방세	① 5천만원 이상	□
	② ① 외	□
국세	① 5억원 이상	□
	② ① 외	□

지방세의 가산세율

구 분			가산세율
신고	무신고	일반	□
		사기 · 부정	□
	과소신고	일반	□
		사기 · 부정	사기 · 부정 □ + 일반 □
납부	① 신고납부: 법정납부기한의 다음 날부터 자진납부일 또는 납세고지일까지의 일수 × □ □(납부하지 아니한 세액, 과소납부분 세액의 □ 한도) ② 납세고지서에 따른 납부기한 ㉠ 납부하지 아니한 세액 또는 과소납부분 세액 × □ ㉡ 납세고지서에 따른 납부기한이 지난 날부터 □이 지날 때마다 □ □, 납세고지서별 · 세목별 세액이 □은 배제)			

조세와 일반채권과의 관계

(1) 조세채권과 일반채권과의 배당순위

<table>
<tr><td rowspan="3">해당 재산에 대하여 부과된 조세:
□
□에 부가되는 지방교육세
□
□ 등</td><td>×</td><td colspan="3">□</td></tr>
<tr><td rowspan="2">○</td><td rowspan="2">주택 전세권
등에 따른 채권</td><td>×</td><td>날짜 불문 □
(한도 있음)</td></tr>
<tr><td>○</td><td>□</td></tr>
</table>

(2) 조세채권 사이의 배당순위: □ → □ → □

조세쟁송: 지방세의 불복청구

① 행정심판 전치주의: □ → □
② 행정심판: 심급구조
  ㉠ 원칙적 □: 이의신청을 거친 후에 심판청구
  ㉡ 선택적 □: 이의신청을 거치지 아니하고 바로 심판청구
③ 청구기한
  ㉠ □ 이내
  ㉡ 천재지변 등의 경우 그 사유가 소멸한 날부터 □ 이내 연장
④ □까지 공매처분을 보류할 수 있음

취득세

과점주주의 간주취득

① □을 □
② 취득으로 보지 아니하는 경우: □, □, 총주식의 비율에 변동이 없는 경우
③ 지분비율: 최초면 □, 증가된 경우에는 □

취득세 납세의무자 등

① 등기 등을 하지 아니한 경우라도 □: 소유자 또는 양수인
② 주체구조부 취득자 외의 자가 가설한 경우: □
③ 토지 지목변경 등: □. 이 경우 환지계획에 따라 공급되는 환지는 □이, 체비지 또는 보류지는 □가 각각 취득한 것으로 봄
④ 과점주주□
⑤ 상속: □ □
⑥ 조합주택용 부동산: □
⑦ 차량 등을 임차하여 수입하는 경우: 수입하는 자
⑧ 택지공사가 준공된 토지에 정원 등을 조성·설치하는 경우: □의 소유자
⑨ 건축물을 건축하면서 그 건축물에 부수되는 정원 등을 조성·설치하는 경우: □을 취득하는 자
⑩ 신탁재산의 위탁자 지위의 이전이 있는 경우: □
⑪ 乙이 채권확보를 위하여 甲 소유의 미등기건물에 등기: □
⑫ 도시개발사업 등의 시행으로 부동산의 소유자가 환지계획 등에 따라 공급받는 경우 등: 건축물은 □취득, 토지의 경우에는 초과한 면적에 해당하는 부분에 한정하여 □취득

취득의 유형

(1) 배우자 또는 직계존비속의 취득
① 원칙: [　　]
② 유상: [　　](경매 포함), [　　], [　　], [　　](소득 증명, 소유재산 처분 또는 담보, 상속 또는 수증 재산) 등

(2) 부담부증여: 배우자 또는 직계존비속은 (1)을 준용
① [　　]: [　　]
② 채무액을 [　　]한 부분: [　　]

취득세의 비과세

① 국가 등의 취득. 다만, 대한민국 정부기관에 [　　]하는 외국정부는 [　　]
② 국가 등에 귀속·기부채납 부동산 및 사회기반시설. 다만, 타인에게 매각·증여, 무상사용권을 제공받는 경우 등은 과세
③ 신탁법에 따른 수탁자에게 이전, 위탁자에게 이전, 신수탁자에게 이전. 다만, 조합 등은 과세
④ 「징발재산」 또는 「국가보위」에 따른 [　　]
⑤ 1년 이하 + 임시건축물. 다만, [　　]은 과세
⑥ [　　] + 개수 + [　　]. 다만, [　　]은 과세

취득의 시기

① 유상
㉠ [　　][사실상의 잔금지급일을 확인할 수 있는 자료를 제출하지 않는 경우: [　　](명시되지 않은 경우: 계약일부터 [　　]이 경과한 날)]과 [　　] 또는 등록일 중 [　　]
㉡ 계약해제: 해당 취득물건을 [　　] 취득일부터 [　　]에 계약이 해제된 사실이 입증되는 경우에는 취득한 것으로 보지 않음
② 연부: [　　]의 연부금지급일과 등기일 또는 등록일 중 빠른 날
③ 무상
㉠ 상속 또는 유증: [　　] 또는 [　　]개시일
㉡ 증여 등 무상취득: [　　]과 [　　] 또는 등록일 중 [　　]
㉢ 계약해제: 해당 취득물건을 [　　] 취득일이 속하는 [　　]에 계약이 해제된 사실이 입증되는 경우에는 취득한 것으로 보지 않음
④ 건축·개수: 사용승인서를 내주는 날(임시사용승인일, 무허가는 사실상 사용이 가능한 날)과 사실상의 사용일 중 빠른 날
⑤ 조합원에게 귀속되지 아니하는 토지
㉠ 주택조합: [　　]
㉡ 재건축조합 등: [　　]
⑥ 매립·간척: 공사준공인가일. 다만, 공사준공인가일 전에 승낙 등을 받은 경우는 사용승낙일·허가일 또는 사실상 사용일 중 빠른 날
⑦ 토지의 지목변경: [　　] 변경된 날과 [　　] 변경된 날 중 [　　]. 다만, 지목변경일 이전에 사용하는 부분은 [　　]
⑧ 점유: [　　] 또는 [　　]
⑨ 이혼시 재산분할: [　　] 또는 [　　]

취득세의 과세표준

(1) 취득당시가액: 연부취득은 [ ](매회 사실상 지급되는 금액, 계약보증금 포함)

① 유상승계취득: 매매 또는 교환 등
　㉠ 원칙: [ ]
　㉠ 부당행위계산: [ ]을 취득당시가액으로 결정할 수 있음
② 무상: [ ]. 다만, 상속은 [ ]
③ 부담부증여: 채무부담액은 [ ]취득에서의 과세표준을 적용, [ ]에서 채무부담액을 뺀 잔액은 [ ]취득에서의 과세표준을 적용
④ 원시취득과 개수: [ ]. 다만, 법인이 아닌 자가 건축물을 건축하여 취득하는 경우로서 사실상취득가격을 확인할 수 없는 경우에는 [ ]
⑤ 토지의 지목을 사실상 변경한 경우: 그 변경으로 증가한 가액에 해당하는 [ ]. 다만, 법인이 아닌 자의 사실상취득가격을 확인할 수 없는 경우에는 지목변경 이후의 토지에 대한 [ ]에서 지목변경 전의 토지에 대한 [ ]을 뺀 가액

(2) 사실상취득가격의 범위

구 분		포함 여부	
		법인	개인
직접비용	계약금, 중도금, 잔금		
간접비용	건설자금이자		
	할부 · 연부이자 및 연체료		
	의무		
	필요		
	약정		
	채권 매각차손(금융회사 한도)		
	중개보수		
	설치비용		
	판매		
	전기 · 가스 · 열		
	별개		
	부가가치세		
할인금액			

(3) 시가인정액의 산정: 취득일 전 [ ]부터 취득일 후 [ ] 이내의 기간

① 매매: 거래가액. 다만, 부당은 제외
② 감정가액: 감정가액의 평균액
③ 경매 또는 공매: 경매가액 또는 공매가액

취득세의 세율

(1) 취득세의 표준세율

취득 원인			표준세율
유상	주택	6억원 이하	1천분의 □
		6억원 초과 9억원 이하	[(취득가액 × 2/3억원) − 3] × 1/100
		9억원 초과	1천분의 □
	농지		1천분의 □
	그 이외 부동산		1천분의 □
상속	농지		1천분의 □
	농지 이외 부동산		1천분의 □
상속 이외	비영리사업자		1천분의 □
	비영리사업자 외		1천분의 □
원시			1천분의 □
공유물의 분할 등(본인 지분 초과 부분은 제외)			1천분의 □
합유물 및 총유물의 분할			1천분의 □

(2) 표준세율 적용시 유의사항

① 조례로 □세율의 □의 범위에서 가감할 수 있음
② 교환: □승계취득의 세율을 적용
③ 건축[신축과 재축은 제외]또는 개수로 인하여 건축물 면적이 증가할 때 □: □취득으로 보아 세율 적용
④ 둘 이상의 세율: □ 세율을 적용
⑤ 부동산이 공유물: 그 취득지분의 가액을 과세표준으로 하여 각각의 세율을 적용
⑥ 주택을 신축 또는 증축한 이후 해당 주거용 건축물의 소유자가 해당 주택의 부속토지를 취득하는 경우: 유상거래를 원인으로 하는 주택 취득의 세율을 □
⑦ 법인이 합병 또는 분할에 따라 부동산을 취득하는 경우: □거래에 따른 농지는 1천분의 □, 농지 외의 것은 1천분의 □

(3) 주택 취득 등 중과세율 적용시 주택 수 판단

구 분		주택 수 포함 여부
주택의 공유지분		
주택의 부속토지		
신탁법에 따라 신탁된 주택	위탁자	
	수탁자	
조합원입주권		
주택분양권		
주택으로 과세하는 오피스텔		

⑷ 사치성 재산 등에 대한 중과세율

① 사치성 재산[회원제 골프장, 고급오락장, 고급선박, 고급주택]: 표준세율 + 중과기준세율의 [   ]

㉠ 토지의 경계가 명확하지 아니할 때: 건축물 바닥면적의 [   ]

㉡ 중과에서 제외되는 용도변경공사: [   ][상속은 상속개시일이 속하는 달의 말일부터 [   ](외국 [   ])]

② 과밀억제권역: 본점(영리법인)·주사무소(비영리법인) + 공장

③ 대도시: 법인의 설립, 지점 등의 설치, 대도시로 전입에 따른 부동산

㉠ 휴면법인 인수 포함

㉡ 중과제외대상: 은행업, 할부금융업 등 대도시 중과 제외 업종 부동산

⑸ 취득세 세율의 특례: 중과기준세율 = 1천분의 20

구 분		세율의 특례	
		표준세율 − 중과기준세율	중과기준세율
환매등기			
상속	1가구 1주택 및 그 부속토지		
	감면대상 농지		
합병			
공유물 등의 분할	본인 지분		
	본인 지분 초과		
건축물의 이전	종전 가액		
	종전 가액 초과		
이혼	재산분할		
	위자료		
입목			
개수	종전 면적		
	종전 면적 증가		
지목변경			
과점주주			
묘지			
임시건축물	1년 초과		
	1년 이하		
등록면허세에서 보존·이전등기			
정원 등의 조성·설치			

취득세의 납세절차

(1) 신고납부
① 유상: 그 취득한 날부터 [　　] 이내
② 무상(상속은 제외) 및 부담부증여: 취득일이 속하는 [　　] 이내
③ 상속(실종): 상속개시일(실종선고일)이 속하는 [　　] 이내[외국: [　　] 이내]
④ 중과세율 적용대상과 부과대상 또는 추징대상: [　　] 이내 + 가산세 [　　]
⑤ 등기하거나 등록하려는 경우: 등기·등록관서에 접수하는 날까지

(2) 기한 후 신고: 법정신고기한까지 과세표준 신고서를 제출하지 아니한 자

(3) 납세지
① 부동산 소재지
② 납세지가 불분명: [　　]
③ 둘 이상의 지방자치단체에 걸쳐 있는 경우: [　　]

(4) 취득세의 면세점: [　　]이 [　　] 이하 + [　　] 이내

(5) 보통징수와 가산세
① 보통징수: 신고 등 의무를 다하지 아니한 경우 또는 일시적 2주택이 [　　] 내에 종전 주택을 처분하지 못한 경우
② 시가인정액으로 신고한 후 경정하기 전에 수정신고한 경우: 무신고가산세 및 과소신고가산세를 [　　]
③ 법인의 장부 등 작성과 보존의무 불이행에 대한 가산세: [　　]
④ 신고를 하지 아니하고 매각하는 경우: [　　]. 다만, 지목변경 등은 [　　]
⑤ 국가 등의 매각 통보: 매각일부터 [　　] 이내
⑥ 등기·등록관서의 장의 취득세 미납부 및 납부부족액에 대한 통보: 다음 달 [　　]까지

등록에 대한 등록면허세

등록: 다음의 등기나 등록은 포함

① 광업권·어업권 및 양식업권
② 외국인 소유 물건의 연부 취득
③ 취득세 [　　]이 경과한 물건
④ 취득세 [　　]에 해당하는 물건

납세의무자: 등록을 하는 자(= 등기권리자)

① 전세권 설정등기: [　　]
② 전세권 말소등기: [　　]

등록면허세의 비과세

① 국가 등이 받는 등록. 다만, 대한민국 정부기관에 [　　]하는 외국정부는 [　　]
② 체납으로 인한 압류해제의 등기 등
③ 공무원의 착오로 지번 오기에 대한 경정
④ [　　]인 토지에 관한 등기

등록면허세의 과세표준과 세율

(1) 과세표준과 표준세율

구 분				과세표준	표준세율
소유권	보존등기			부동산가액	1천분의 □
	이전등기	유상	주택		취득세율 × 100분의 50
			주택 외		1천분의 □
		무상	상속		1천분의 □
			상속 외		1천분의 □
가등기		설정 이전		부동산가액 채권금액	1천분의 □
지상권				부동산가액	
경매신청 가압류 저당권 가처분				채권금액	
지역권				요역지가액	
전세권				전세금액	
임차권				월임대차금액	
말소등기, 지목변경 등				건당	□

(2) 과세표준과 표준세율 적용

① 등록 당시의 가액: 신고가액. 다만, 신고가 없거나 신고가액이 시가표준액보다 적은 경우에는 □
② 취득세 면세점 등에 해당하는 물건의 등기 또는 등록: □(취득세 부과제척기간이 경과한 물건은 □과 □ 중 □). 다만, 등록 당시에 자산재평가 또는 감가상각 등의 사유로 그 가액이 달라진 경우에는 □
③ 채권금액이 없을 때: 채권의 목적이 된 것의 가액 또는 처분의 제한의 목적이 된 금액
④ 산출세액이 □ 보다 적을 때에는 □으로 함
⑤ 조례로 □세율의 □의 범위에서 가감할 수 있음

(3) 중과세율: 표준세율의 □

① 중과세 대상: 대도시에서 법인 □, 지점이나 분사무소의 □, 대도시 밖에서 대도시로의 □
② 중과세 제외대상: 은행업, 할부금융업 등 대도시 중과 제외 업종

등록면허세의 납세절차

(1) 신고납부
① 등록을 하기 전까지(= 등기·등록관서에 접수하는 날까지)
② 중과세대상, 부과대상 또는 추징대상: □ 이내 + 가산세 □
③ 신고의무를 다하지 아니한 경우에도 등록을 하기 전까지 납부하였을 때: 신고를 하고 납부한 것으로 봄. 이 경우 무신고가산세 및 과소신고가산세를 □

등록면허세의 납세절차

(2) 납세지
① 부동산 소재지
② 납세지가 불분명: [ ]
③ 둘 이상에 걸쳐 있어 지방자치단체별로 부과할 수 없을 때: [ ]
④ 같은 채권의 담보를 위하여 설정하는 둘 이상의 저당권을 등록하는 경우: [ ] 등록하는 [ ] [ ]
(3) 보통징수와 가산세
(4) 등기 · 등록관서의 장의 등록면허세 미납부 및 납부부족액에 대한 통보: 다음 달 [ ]까지

재산세

재산세의 납세의무자

① [ ] 현재 [ ]
② 공유재산: [ ](지분의 표시가 없으면 [ ]한 것으로 봄)
③ 주택의 건물과 부속토지의 소유자가 다를 경우: 산출세액을 [ ] 비율로 안분
④ 소유권 변동신고 또는 종중소유임을 신고하지 아니한 경우: [ ]
⑤ 상속등기 × + 신고 ×: [ ][상속지분이 가장 높은 사람 → 나이가 가장 많은 사람]
⑥ 국가 등 + 연부 + 사용권 무상: [ ]
⑦ [ ] + 선수금 + [ ]: 사용권을 [ ]으로 받은 자
⑧ 수탁자 명의의 신탁재산: [ ]
⑨ 체비지 또는 보류지: [ ]
⑩ 항공기 또는 선박을 임차하여 수입하는 경우: 수입하는 자
⑪ 파산선고 이후 파산종결의 결정까지 파산재단에 속하는 재산의 경우: [ ]
⑫ 소유권 귀속이 분명하지 아니한 경우: [ ]

재산세 과세대상의 구분

(1) 공부상 등재 현황과 사실상의 현황이 다른 경우: 사실상 현황
(2) 주택: 토지와 건축물의 범위에서 주택은 [ ]
① 주택 부속토지의 경계가 명백하지 아니한 경우: 주택의 바닥면적의 [ ]
② 주거용과 주거 외의 용도를 겸하는 건물: 1동은 주거용 부분만, 1구는 [ ] 이상이면 주택
③ 다가구주택: 구분된 부분을 [ ]

토지에 대한 재산세의 과세방법

(1) 농지[전 · 답 · 과수원]
① 개인
㉠ 영농 ×: 종합합산과세대상
㉡ 영농 ○
ⓐ ☐, ☐, ☐, ☐: 분리과세대상
ⓑ ⓐ 외: 종합합산과세대상
② 법인 · 단체: 열거된 5가지[농업법인, 한국농어촌공사, 1990.5.31 이전 사회복지사업자, 매립 · 간척, 1990.5.31 이전 종중]는 분리과세대상, 그 외는 종합합산과세대상

(2) 목장용지: ☐, ☐(1989.12.31 이전)에서 이내이면 분리과세대상이고 초과이면 종합합산과세대상, 그 외의 지역은 종합합산과세대상

(3) 임야: 열거된 지정문화유산 안의 임야, 공원자연☐지구의 임야, 1990.5.31 이전부터 종중이 소유하는 임야, 1990.5.31 이전부터 소유하는 상수원보호구역 임야 및 1989.12.31 이전부터 소유하는 개발제한구역의 임야 등은 분리과세대상, 그 외는 종합합산과세대상 등

(4) 공장용지 등
① 초과이면 종합합산과세대상
② 이내이면 지역 확인: ☐, ☐, ☐은 분리과세대상, 그 외의 지역은 별도합산과세대상
③ 공장용지와 동일한 분리과세대상: 국방상 목적의 공장 구내의 토지, ☐, 여객자동차터미널 및 물류터미널용 토지, 공모부동산투자회사

(5) 회원제골프장용 토지와 고급오락장용 토지: 분리과세대상

(6) 영업용 건축물의 부속토지 등
① 이내는 별도합산과세대상, 초과는 종합합산과세대상
② 건축물(공장용 건축물은 제외)의 시가표준액이 토지의 ☐에 미달하는 토지 중 건축물 바닥면적을 ☐한 토지: 종합합산과세대상
③ 허가 등을 받지 아니한 또는 사용승인을 받지 아니한 건축물의 토지: 종합합산과세대상
④ 별도합산과세대상으로 보는 토지: 차고용 토지, 자동차운전학원용 토지, 스키장 및 골프장용 토지 중 ☐이 보전된 임야

재산세의 비과세

① ☐의 보유. 다만, 대한민국 재산에 ☐하는 외국정부는 ☐
② 국가 등이 ☐ 이상 ☐ 또는 ☐으로 사용하는 재산. 다만, ☐ 또는 ☐은 과세
③ 「도로법」에 따른 도로와 사설 도로. 다만, 휴게시설, 연구시설 등과 ☐는 과세
④ ☐, ☐, ☐, ☐, ☐. 다만, 특정인이 전용하는 ☐은 과세
⑤ ☐보호구역에 있는 토지. 다만, ☐ 및 ☐는 과세
⑥ 산림보호구역 및 채종림 · 시험림
⑦ 공원자연☐지구의 임야
⑧ 백두대간보호지역의 임야
⑨ ☐ 미만 + 임시건축물. 다만, ☐은 과세
⑩ 철거명령을 받았거나 철거보상계약이 체결된 건축물 또는 주택. 다만, ☐는 과세

재산세의 과세표준

① 토지: 시가표준액[개별공시지가] × □의 공정시장가액비율
② 건축물: 시가표준액[결정한 가액] × □의 공정시장가액비율
③ 주택
  ㉠ 시가표준액[단독은 개별주택가격 또는 공동은 공동주택가격] × □의 공정시장가액비율
  ㉡ □의 과세표준이 □보다 큰 경우에는 □으로 함
④ 선박과 항공기: 시가표준액

재산세의 세율

(1) 표준세율

구 분			표준세율
토지	분리	농지(전 · 답 · 과수원), 목장용지, 임야	1천분의 □
		공장용지 등	1천분의 □
		회원제 골프장용 토지 고급오락장용 토지	1천분의 □
	종합합산		1천분의 □~1천분의 □
	별도합산		1천분의 □~1천분의 □
건축물	회원제 골프장, 고급오락장용 건축물		1천분의 □
	시(읍 · 면지역은 제외) 주거지역 등의 공장용 건축물		1천분의 □
	그 밖의 건축물		1천분의 □
주택	9억원 이하 + 1세대 1주택		1천분의 □~1천분의 □
	그 외		1천분의 □~1천분의 □
선박	고급선박		1천분의 □
	그 밖의 선박		1천분의 □
항공기			1천분의 □

(2) 세율의 적용 방법

① 토지에 대한 재산세
  ㉠ 분리과세대상: 토지의 가액에 세율 적용
  ㉡ 종합합산과세대상: 관할구역 + □ 금액에 세율 적용
  ㉢ 별도합산과세대상: 관할구역 + □ 금액에 세율 적용
② 주택에 대한 재산세
  ㉠ □로 세율 적용
  ㉡ 주택을 2명 이상이 공동으로 소유하거나 토지와 건물의 소유자가 다를 경우: 토지와 건물의 가액을 □ 금액에 세율 적용
③ □세율: 조례로 □의 범위에서 가감할 수 있음. 다만, 가감한 세율은 □에만 적용

재산세의 납세절차

(1) 과세기준일과 납기

① 과세기준일: (　　)

② 납기

㉠ 토지: (　　)

㉡ 건축물: (　　)

㉢ 주택: 세액의 2분의 1은 (　　), 나머지 2분의 1은 (　　). 다만, 세액이 (　　)인 경우에는 조례로 정하는 바에 따라 납기를 (　　)로 하여 한꺼번에 부과·징수할 수 있음

㉣ 선박과 항공기 : 매년 7월 16일부터 7월 31일까지

(2) 징수방법

① 보통징수: 납기개시 (　　) 전까지 발급

② (　　)로 부과·징수할 수 (　　)

③ 소액징수면제: 세액이 (　　)

④ 납세지: 부동산 소재지

⑤ (　　)와 (　　)에 대한 세 부담의 상한: (　　)

⑥ 납부유예

㉠ (　　) + 그 납부기한 만료 (　　) 전까지 신청 + (　　) 제공

㉡ 납부유예 허가의 취소: 해당 주택을 타인에게 양도하거나 증여하는 경우 등

(3) 물납

① 물납의 요건과 물납대상: (　　) 초과 + 관할구역 부동산

② 물납의 신청: 납부기한 (　　) 전까지

③ 부동산 평가: (　　) 현재의 시가

(4) 분할납부

① 분할납부의 요건: (　　) 초과 + (　　) 이내

② 분할납부의 신청: (　　)

③ 분할납부세액

㉠ 납부할 세액이 500만원 이하인 경우: (　　)을 초과하는 금액

㉡ 납부할 세액이 500만원을 초과하는 경우: 그 세액의 (　　) 이하의 금액

종합부동산세

종합부동산세의 과세방법

구 분			납세의무자	공정시장가액비율	세부담 상한
주택	개인	2주택 이하	재산세의 납세의무자	(　　)	(　　)
		3주택 이상			
	법인	2주택 이하			없음 ((　　) 적용시)
		3주택 이상			
토지	종합합산		(　　) 초과	(　　)	(　　)
	별도합산		(　　) 초과		(　　)

종합부동산세 과세표준의 산정

(1) 주택
① 개인
㉠ 일반: (주택 공시가격 합계액 − [   ]) × [   ]의 공정시장가액비율
㉡ 단독소유 + 1세대 1주택 + 거주자: (주택 공시가격 합계액 − [   ]) × [   ]의 공정시장가액비율
② [   ]세율이 적용되는 법인 또는 법인으로 보는 단체: 주택 공시가격 합계액 × [   ]의 공정시장가액비율

(2) 토지
① 종합합산과세대상 토지: (종합합산 공시가격 합계액 − [   ]) × [   ]의 공정시장가액비율
② 별도합산과세대상 토지: (별도합산 공시가격 합계액 − [   ]) × [   ]의 공정시장가액비율

단독소유 + 1세대 1주택 + 거주자

(1) 과세표준 계산시 공제: [   ]

(2) 세액공제: [①과 ②은 최대 [   ] 의 범위 내에서 중복 적용]
① 연령별 세액공제: 만 [   ] 이상인 자
㉠ 만 60세 이상 만 65세 미만: [   ]
㉡ 만 65세 이상 만 70세 미만: [   ]
㉢ 만 70세 이상: [   ]
② 보유기간별 세액공제: [   ] 이상 보유한 자
㉠ 5년 이상 10년 미만: [   ]
㉡ 10년 이상 15년 미만: [   ]
㉢ 15년 이상: [   ]

(3) 공동명의 1주택자의 납세의무 등에 관한 특례: 단독소유 1주택으로 신청할 수 있음

(4) 동거봉양 또는 혼인의 경우 각각 1세대로 보는 기간
① 동거봉양: [   ] 동안
② 혼인: [   ] 동안

종합부동산세의 세율

구 분			세 율
주택	개인	2주택 이하	1천분의 [ ]~1천분의 [ ]의 7단계 초과누진세율
		3주택 이상	1천분의 [ ]~1천분의 [ ]의 7단계 초과누진세율
	법인 (공익법인 등은 제외)	2주택 이하	1천분의 [ ]
		3주택 이상	1천분의 [ ]
토지	종합합산		1천분의 [ ]~1천분의 [ ]의 3단계 초과누진세율
	별도합산		1천분의 [ ]~1천분의 [ ]의 3단계 초과누진세율

이중과세 조정과 세율 적용시 주택 수의 계산 등

① 이중과세 조정
  ㉠ ____로 부과된 세액은 공제
  ㉡ 가감조정된 세율이 ____ 세액, 세부담 상한을 ____ 세액
② 세부담의 상한: 직전 연도 과세기준일 현재 소유한 것으로 보아 계산함
③ 세율 적용시 주택 수
  ㉠ 공동소유주택: ____
  ㉡ 다가구주택: 1주택
  ㉢ 주택 수에 불포함: 합산배제 임대주택, 합산배제 ____ 등

종합부동산세의 절차적 사항

(1) 과세기준일과 납기
① 과세기준일: ____
② 납기: ____

(2) 징수방법
① 관할세무서장의 결정: 납부기간 개시 ____ 전까지 납부고지서 발부
② 다만, 선택적 신고납부: 이 경우 관할세무서장의 결정은 없었던 것으로 봄
③ 납세지: 개인은 「소득세법」 준용
  ㉠ 거주자: ____ → ____
  ㉡ 비거주자: 국내사업장의 소재지 → 국내원천소득이 발생하는 장소 → ____ 또는 ____의 소재지
④ 가산세: 무신고 ____, 과소와 납부는 ____

(3) 분납
① 분납의 요건: ____ 초과 + ____ 이내
② 분납세액
  ㉠ 납부하여야 할 세액이 250백만원 초과 500만원 이하: 해당 세액에서 ____을 차감한 금액
  ㉡ 납부하여야 할 세액이 500만원을 초과: 해당 세액의 ____ 이하의 금액
③ 분납의 신청: ____

소득세

소득세법 총설

① ____: 이자 + 배당 + 사업소득[부동산임대업과 사업적인 양도(건설업과 부동산매매업)] + 근로 + 연금 + 기타소득
② ____: 퇴직소득과 양도소득
③ 거주자: 국내에 ____를 두거나 ____ 이상 거소 − ____ + 국외소득(국외자산양도는 ____ 이상)
④ 비거주자: ____

양도소득세의 과세대상: 국내소재로 가정

구 분		과세대상 여부
지상권		
지역권		
전세권		
등기되지 않은 부동산임차권		
조합원입주권과 분양권		
토지상환채권과 주택상환사채		
사업에 사용하는 토지와 분리되어 양도하는 영업권		
이축권	토지 또는 건물과 함께 양도하는 이축권	
	해당 이축권 가액을 별도로 평가하여 신고하는 경우	
골프회원권(관련 주식 포함)		
건설업과 부동산매매업		

양도로 보는 경우와 보지 않는 경우

구 분				양도 여부
현물출자				
대물변제				
이혼	위자료			
	재산분할			
수용				
부담부증여	일반	채무액		
		채무액을 제외한 부분		
	배우자 직계존비속	채무액	원칙	
			입증되는 경우	
		채무액을 제외한 부분		
환지처분으로 지목 또는 지번의 변경				
보류지로 충당				
양도담보	계약체결시			
	채무불이행			
신탁	설정 또는 해지			
	위탁자의 지배를 벗어나는 경우			
공유물 분할	지분 변경 없음			
	지분 변경 있음			
매매원인 무효의 소				
경매·공매로 인하여 자기가 재취득				

1세대 1주택 양도의 비과세

(1) 1세대

① □ 및 그 배우자. 부부가 각각 단독세대를 구성한 경우에도 □
② 배우자가 없어도 1세대로 보는 경우: □ 이상, □하거나 □, 기준 중위소득을 12개월로 환산한 금액의 □ 이상

(2) 1주택: 양도일 현재 국내에 1주택

① □ 주거용으로 사용하는 건물
② 주택부수토지의 한도: 도시지역 밖은 □, 도시지역 내 수도권 밖과 수도권 내 녹지지역은 □, 그 외는 □
③ 겸용주택

구 분	겸용주택의 판단	
	일반주택	고가주택
주택 연면적 > 주택 외 연면적	전부 주택	주택 부분만 주택
주택 연면적 ≦ 주택 외 연면적	주택 부분만 주택	주택 부분만 주택

④ 다가구주택: 구획된 부분을 □ 하나의 주택. 다만, 하나의 매매단위로 하여 양도하는 경우에는 그 □를 하나
⑤ 고가주택: 양도당시 □의 합계액이 □ 초과
⑥ 공동소유주택: 특별한 규정이 있는 것 외에는 □
⑦ 1세대 2주택을 1주택으로 보는 경우
㉠ 수도권 밖: 사유가 해소된 날부터 □ 이내
㉡ 동거봉양: 한 사람이 60세 이상 또는 요양급여는 60세 미만 + □ 이내
㉢ 혼인: □ 이내
㉣ 농어촌주택: 일반주택을 양도하는 경우. 귀농주택귀농주택(3년 이상 영농 · 영어)은 □ 이내 일반주택 양도
㉤ 일시적인 2주택: 1년 이상이 지난 후 + □ 이내
㉥ 상속: □을 양도하는 경우

(3) 1세대 1주택의 경우로서 보유기간 및 거주기간의 제한을 받지 아니하는 경우

① 건설임대주택 + 임차일부터 양도일까지 거주한 기간이 □ 이상
② 사업인정 고시일 □ 취득 + 수용
③ 해외이주 + 출국일부터 □ 이내
④ □ 이상 국외거주를 필요로 하는 취학 또는 □ + 출국일부터 □ 이내
⑤ 다른 시 · 군으로 취학, □, 질병요양 + □ 이상 거주

농지의 교환 또는 분합에 대한 비과세

① 농지의 범위: 논밭이나 과수원
② 비과세 요건: 쌍방 토지가액의 차액이 가액이 큰 편의 ______ 이하
③ 경작상 필요: ______ 이상 경작. 수용되는 경우에는 ______ 이상 농지 소재지에 거주하면서 경작한 것으로 보며, 피상속인의 경작기간과 상속인의 경작기간을 통산

미등기양도자산(미등기양도 제외자산 아님)에 대한 제재

구 분	제재의 내용
비과세와 감면	배제
필요경비개산공제	등기 ______(미등기는 ______)
장기보유특별공제	배제
양도소득기본공제	배제
세율	______

미등기양도제외 자산: 법령이 정하는 자산

① ______조건
② ______의 규정 또는 ______의 결정
③ 비과세대상 ______의 교환 또는 분합, 감면대상 자경농지 및 농지대토
④ 비과세요건을 충족한 ______ 등
⑤ ______에 따른 취득등기를 하지 아니하고 양도하는 토지
⑥ ______에 따라 체비지를 양도

양도 또는 취득시기

① 대금을 청산한 날. 양수자가 부담하는 양도소득세 등은 ______
② 대금을 청산한 날이 불분명: 등기·등록접수일 또는 명의개서일
③ 대금을 청산하기 전 등기: 등기접수일
④ 장기할부조건: 소유권이전등기접수일·인도일 또는 사용수익일 중 ______
⑤ 자기가 건설한 건축물
  ㉠ 허가: 사용승인서 교부일과 사실상의 사용일 또는 임시사용승인을 받은 날 중 빠른 날
  ㉡ 무허가: ______
⑥ 상속: ______
⑦ 증여: ______
⑧ 점유: ______
⑨ 수용: 대금을 청산한 날, 수용의 개시일 또는 소유권이전등기접수일 중 ______. 다만, 소송으로 보상금이 공탁된 경우에는 소유권 관련 소송 판결 확정일
⑩ 대금을 청산한 날까지 완성 또는 확정되지 아니한 경우: ______
⑪ 환지처분: ______. 다만, 증감된 경우는 환지처분의 ______
⑫ 무효판결: ______

양도가액과 취득가액의 산정원리

① 양도가액을 ________에 따를 때에는 취득가액도 ________에 따름
② 추계순서
　㉠ 양도가액: ________ → ________ → ________
　㉡ 취득가액: ________ → ________ → ________ → ________
③ 용어의 정의
　㉠ 매매사례가액과 감정가액: ________ 이내
　㉡ 환산취득가액: 양도당시의 실지거래가액 등 × [취득당시의 ________ ∕ 양도당시의 ________]
　㉢ 기준시가
　　ⓐ 토지: ________
　　ⓑ 단독주택: ________
　　ⓒ 공동주택: ________
　　ⓓ 부동산을 취득할 수 있는 권리: 납입한 금액 + ________
　㉣ 매매사례가액 또는 감정가액이 특수관계인과의 거래에 따른 가액 등으로서 객관적으로 부당하다고 인정되는 경우에는 해당 가액을 적용하지 아니함
④ 토지 또는 건물에 대한 필요경비개산공제액: 취득당시 기준시가 × ________[미등기: 취득당시 기준시가 × ________]

실지거래가액에 의한 필요경비 포함 여부

구 분		포함 여부
납부영수증이 없는 취득세		
상속세		
현재가치할인차금	원칙	
	필요경비 산입금액	
부당행위계산에 의한 시가초과액		
취득관련 소송비용	원칙	
	필요경비 산입금액	
이자상당액	약정이자	
	지급기일 지연이자	
감가상각비로 필요경비 산입금액		
지적공부상 면적 증가로 징수한 조정금		
수익적 지출액		
취득 후 소송비용	원칙	
	필요경비 산입금액	
용도변경·개량 또는 이용편의		
개발부담금과 재건축부담금		
양도소득세과세표준 신고서 작성비용		
공증비용, 인지대 및 소개비		
명도비용		
금융기관 매각차손을 한도로 국민주택채권 및 토지개발채권 매각차손		

장기보유특별공제

① 대상: □ 또는 □과 조합원입주권(조합원으로부터 취득한 것은 □)
② 보유기간: □ 이상
　㉠ 취득일부터 양도일까지
　㉡ 이월과세: □ 배우자 또는 직계존비속이 해당 자산을 취득한 날부터 기산
　㉢ 가업상속공제: □이 해당 자산을 취득한 날부터 기산
③ 공제액
　㉠ 일반적인 경우: □~□
　㉡ 1세대 1주택: □ 이상 보유기간 중 거주기간이 □ 이상
　　ⓐ 보유기간: □~□
　　ⓑ 거주기간: □~□
④ 공제방법: □로 각각 공제
⑤ 적용배제
　㉠ □(법령이 정하는 자산은 □)
　㉡ □

양도소득기본공제

① 대상: 각 호의 □로 각각 연 □
　㉠ □: □ 또는 □·□ 및 □에 따른 소득
　㉡ 제2호: 주식 등
　㉢ 제3호: 파생상품 등
　㉣ 제4호: 신탁 수익권
② □에서 먼저 공제하고, 감면 외에서는 □ 양도한 자산
③ 공유자산: 공유자 각각 공제
④ 적용배제: □(법령이 정하는 자산은 □)

양도소득금액계산의 특례

(1) 비과세요건을 충족한 고가주택 양도차익 등

① 고가주택 양도차익 = 양도차익 × [(양도가액 − □)/양도가액]
② 고가주택 장기보유특별공제액 = 장기보유특별공제액 × [(양도가액 − □)/양도가액]

(2) 부담부증여에 대한 양도가액 및 취득가액의 계산

① 부담부증여 양도가액 = 「상속세 및 증여세법」에 따라 평가한 가액 × (□)
② 부담부증여의 취득가액 = 취득당시 취득가액 × (□)

(3) 특수관계인간 고가양수 또는 저가양도의 부당행위계산 부인

시가와 거래가액의 차액이 □ 이상이거나 시가의 □에 상당하는 금액 이상인 경우 □로 계산

양도소득금액계산의 특례

(4) 배우자 또는 직계존비속으로부터 증여받은 자산에 대한 이월과세(= 양도소득의 필요경비 계산 특례)

① 수증자와의 관계: □(이혼은 □하고, 사망은 □) 또는 □
② 적용대상자산: 토지 또는 건물, 부동산을 취득할 수 있는 권리, 시설물이용권
③ 양도일까지의 기간: □ 이내
④ 납세의무자: □
⑤ 취득가액, 자본적지출액, 장기보유특별공제, 세율: □
⑥ 양도소득세 연대납세의무: □
⑦ 증여세: 양도차익 계산시 □에 산입
⑧ 적용 배제
　㉠ 소급하여 □ 이전 증여 + □된 경우
　㉡ 1세대 1주택 비과세를 적용받는 경우
　㉢ 이월과세 적용시 세액□이월과세 미적용시 세액

(5) 특수관계인간 증여 후 양도행위의 부인

① 수증자와의 관계: □(이월과세가 적용되는 배우자 및 직계존비속은 □)
② 양도일까지의 기간: □ 이내
③ 적용 요건: (수증자의 증여세 + 수증자의 양도소득세)□증여자가 직접 양도하는 경우로 보아 계산한 양도소득세
④ 납세의무자: □
⑤ 양도소득세 연대납세의무: □
⑥ 증여세: 부과를 취소하고 수증자에게 환급
⑦ 적용 배제: 양도소득이 해당 수증자에게 실질적으로 귀속된 경우

(6) 양도차손(= 결손금)의 공제

① 양도차손의 공제: 각 호의 □로 양도차손을 □에서 공제
　㉠ 토지 또는 건물·부동산에 관한 권리 및 기타자산에 따른 소득
　㉡ 주식등의 양도로 발생하는 소득
　㉢ 파생상품등의 거래 또는 행위로 발생하는 소득
　㉣ 신탁 수익권에 따른 소득
② 이월결손금의 공제: 이월공제는 받을 수 □

양도소득세의 세율: 토지 또는 건물 및 부동산에 관한 권리

(1) 일반적으로 적용되는 세율

① 미등기(법령이 정하는 자산은 제외): 100분의 □
② 등기

구 분	주택과 조합원입주권	분양권	그 외	비사업용토지
1년 미만	100분의 □	100분의 □	100분의 □	큰 세액
1년 이상 2년 미만	100분의 □	100분의 □	100분의 □	큰 세액
2년 이상	□%~□%	100분의 □	□%~□%	□%~□%

(2) 중복되는 경우: 양도소득 산출세액 중 □세액

(3) 세율 적용시 보유기간: 상속은 □이 취득한 날부터 기산

양도소득 과세표준 예정신고

구 분		예정신고기간
토지 또는 건물 부동산에 관한 권리 기타자산 신탁 수익권	일반	양도일이 속하는 □
	토지거래계약허가 (대금청산 → 허가)	□(또는 □)이 속하는 □
	부담부증여	양도일이 속하는 □

양도소득세의 납세절차

(1) 예정신고
① 양도차익이 없거나 양도차손이 발생한 경우: □
② 수시부과세액: □하여 납부
③ 예정신고납부 이행: 세액공제 □, 불이행: □

(2) 확정신고납부
① 다음연도 □
② 예정신고를 한 자는 해당 소득에 대한 확정신고를 하지 아니할 수 있음
③ 다만, □세율 자산에 대한 예정신고를 □ 이상 한 자가 □하여 신고하지 아니한 경우: 확정신고를 하여야 함
④ 예정신고와 관련하여 무신고가산세가 부과되는 부분에 대해서는 확정신고와 관련하여 무신고가산세를 적용하지 아니함

(3) 납세지
① 거주자: □ → □
② 비거주자: 국내사업장 소재지 → 국내원천소득이 발생하는 장소

(4) 분할납부
① 분할납부의 요건: □ 초과 + □ 이내
② 분할납부세액
㉠ 납부할 세액이 2천만원 이하인 경우: □을 초과하는 금액
㉡ 납부할 세액이 2천만원을 초과하는 경우: 그 세액의 □ 이하의 금액
③ 분할납부의 신청: 예정신고기한 또는 확정신고기한까지

국외부동산양도에 대한 양도소득세

① 납세의무자: □ 이상
② 환차익을 양도소득의 범위에서 □
③ 양도가액과 취득가액의 산정방법: □ → □
④ 기준시가와 필요경비개산공제: □
⑤ 장기보유특별공제는 □
⑥ 양도소득기본공제는 □
⑦ 세율: 6%~45%의 8단계 초과누진세율
⑧ 양도차익의 외화환산: 기준환율 또는 재정환율
⑨ 외국납부세액의 이중과세조정: □ 또는 □

부동산임대업의 범위 등

① 지역권·지상권을 설정하거나 대여
　㉠ 공익사업과 관련 없음: ___소득
　㉡ 공익사업과 관련 있음: 기타소득
② 미등기 부동산 ___
③ 사업자등록 여부에 관계없이 ___
④ 공공요금 납부액의 초과금액: 총수입금액에 ___
⑤ 간주임대료를 계산하는 과정에서 차감하는 금융수익: ___와 ___, ___
⑥ 결손금
　㉠ 주거용 건물 임대업: 종합소득 과세표준을 계산할 때 ___
　㉡ 주거용 건물 임대업 외: 종합소득 과세표준을 계산할 때 ___
⑦ 논·밭을 작물생산에 이용하게 하는 임대소득: ___

주거용 건물 임대업: 과세여부 판단

(1) 월세
① 1주택 소유
　㉠ 원칙: ___
　㉡ 예외: 과세
　　ⓐ ___주택: 과세기간 종료일 또는 양도일 현재 ___ 초과
　　ⓑ ___주택
② 2주택 이상 소유: ___

(2) 보증금 등에 대한 간주임대료
① 1주택 소유: 비과세(= 총수입금액에 산입하지 아니함)
② 2주택 소유: 비과세(= 총수입금액에 산입하지 아니함)
③ ___ 이상 소유: (___제곱미터 이하 + 기준시가 ___ 이하)는 ___
　㉠ 보증금 등의 합계액 3억원 이하: 비과세(= 총수입금액에 산입하지 아니함)
　㉡ 보증금 등의 합계액 ___ 초과: ___(= ___)

부동산임대업 주택 수의 계산

구 분	주택 수의 계산
다가구주택	① 1개의 주택 ② 구분등기: ___을 1개의 주택
공동소유주택	① 원칙: 지분이 가장 큰 사람(2인 이상이면 귀속자로 정한 사람) ② 예외: 지분이 가장 큰 사람이 아니어도 ___ ㉠ 수입금액이 연간 ___ 이상 ㉡ ___을 초과 + ___을 초과하는 지분
전대하거나 전전세	___ 또는 ___
본인과 배우자	① ___ ② 공동소유주택: 지분이 더 큰 사람

MEMO

정 답

하천재의 부동산세법 12장 익힘장으로 12문제 맞히기

조세총론

물납과 분할납부

구 분			물납	분할납부
지방세	취득세			
	등록면허세			
	재산세(재산세 도시지역분 포함)		○	○
	소방분 지역자원시설세(재산세를 분할납부하는 경우에만 해당)			○
국세	종합부동산세			○
	소득세	종합소득세		○
		양도소득세		○

징수금과 징수금의 징수 순위: 지방세기본법과 지방세징수법

① 지방자치단체의 징수금: 지방세 및 체납처분비를 말함
② 지방자치단체 징수금의 징수 순위: 체납처분비 → 지방세(가산세는 제외) → 가산세

취득 · 보유 및 양도단계

구 분		취득	보유	양도
지방세	지방교육세	○	○	
	지방소득세		○	○
국세	종합소득세		○	○
	농어촌특별세	○	○	○
	인지세	○		○

납세의무의 성립시기

구 분		납세의무의 성립시기
취득세		과세물건을 취득하는 때
등록에 대한 등록면허세		재산권과 그 밖의 권리를 등기하거나 등록하는 때
재산세		과세기준일: 매년 6월 1일
지방교육세		과세표준이 되는 세목의 납세의무가 성립하는 때
지방소득세		과세표준이 되는 소득에 대하여 소득세 · 법인세의 납세의무가 성립하는 때
종합부동산세		과세기준일: 매년 6월 1일
소득세	원칙	과세기간이 끝나는 때
	중간예납	중간예납기간이 끝나는 때
인지세		과세문서를 작성한 때
농어촌특별세		본세의 납세의무가 성립하는 때
수시부과		수시부과할 사유가 발생한 때
가산세		법정신고기한이 경과하는 때 등

납세의무의 확정 및 가산세

구 분		신고	가산세	결정	가산세
취득세		○(원칙)	○	○(예외)	○
등록에 대한 등록면허세		○(원칙)	○	○(예외)	○
재산세		–	–	○(원칙)	○
종합부동산세		○(선택)	○	○(원칙)	○
소득세	종합소득세	○(원칙)	○	○(예외)	○
	양도소득세				

납부의무의 소멸사유

① 납부
② 충당
③ 부과가 취소되었을 때
④ 부과의 제척기간이 만료되었을 때
⑤ 징수권의 소멸시효가 완성되었을 때

지방세 부과의 제척기간

구 분			제척기간
납세자	사기 · 부정		10년
	무신고	① 상속 · 증여(부담부 증여를 포함), 명의신탁약정, 과점주주	
		② ① 외의 경우	7년
그 밖의 경우			5년

조세징수권의 소멸시효

구 분		소멸시효
지방세	① 5천만원 이상	10년
	② ① 외	5년
국세	① 5억원 이상	10년
	② ① 외	5년

지방세의 가산세율

구 분	가산세율		
신고	무신고	일반	100분의 20
		사기 · 부정	100분의 40
	과소신고	일반	100분의 10
		사기 · 부정	사기 · 부정 100분의 40 + 일반 100분의 10
납부	① 신고납부: 법정납부기한의 다음 날부터 자진납부일 또는 납세고지일까지의 일수 × 1일 10만분의 22(납부하지 아니한 세액, 과소납부분 세액의 100분의 75 한도) ② 납세고지서에 따른 납부기한 ㉠ 납부하지 아니한 세액 또는 과소납부분 세액 × 100분의 3 ㉡ 납세고지서에 따른 납부기한이 지난 날부터 1개월이 지날 때마다 1만분의 66(60개월 한도, 납세고지서별 · 세목별 세액이 45만원 미만은 배제)		

조세와 일반채권과의 관계

(1) 조세채권과 일반채권과의 배당순위

<table>
<tr><td rowspan="3">해당 재산에 대하여 부과된 조세:
재산세
재산세에 부가되는 지방교육세
소방분에 대한 지역자원시설세
종합부동산세 등</td><td>×</td><td colspan="3">날짜 순</td></tr>
<tr><td rowspan="2">○</td><td rowspan="2">주택 전세권
등에 따른 채권</td><td>×</td><td>날짜 불문 해당 재산
(한도 있음)</td></tr>
<tr><td>○</td><td>날짜 순</td></tr>
</table>

(2) 조세채권 사이의 배당순위: 담보 → 압류 → 교부청구

조세쟁송: 지방세의 불복청구

① 행정심판 전치주의: 행정심판 → 행정소송
② 행정심판: 심급구조
  ㉠ 원칙적 2심급: 이의신청을 거친 후에 심판청구
  ㉡ 선택적 1심급: 이의신청을 거치지 아니하고 바로 심판청구
③ 청구기한
  ㉠ 90일 이내
  ㉡ 천재지변 등의 경우 그 사유가 소멸한 날부터 14일 이내 연장
④ 30일까지 공매처분을 보류할 수 있음

취득세

과점주주의 간주취득

① 100분의 50을 초과
② 취득으로 보지 아니하는 경우: 설립, 감자, 총주식의 비율에 변동이 없는 경우
③ 지분비율: 최초면 모두, 증가된 경우에는 증가분

취득세 납세의무자 등

① 등기 등을 하지 아니한 경우라도 사실상 취득: 소유자 또는 양수인
② 주체구조부 취득자 외의 자가 가설한 경우: 주체구조부 취득자
③ 토지 지목변경 등: 변경시점의 소유자. 이 경우 환지계획에 따라 공급되는 환지는 조합원이, 체비지 또는 보류지는 사업시행자가 각각 취득한 것으로 봄
④ 과점주주(연대납세의무)
⑤ 상속: 상속인 각자(연대납세의무)
⑥ 조합주택용 부동산: 조합원
⑦ 차량 등을 임차하여 수입하는 경우: 수입하는 자
⑧ 택지공사가 준공된 토지에 정원 등을 조성·설치하는 경우: 토지의 소유자
⑨ 건축물을 건축하면서 그 건축물에 부수되는 정원 등을 조성·설치하는 경우: 건축물을 취득하는 자
⑩ 신탁재산의 위탁자 지위의 이전이 있는 경우: 새로운 위탁자
⑪ 乙이 채권확보를 위하여 甲 소유의 미등기건물에 등기: 甲
⑫ 도시개발사업 등의 시행으로 부동산의 소유자가 환지계획 등에 따라 공급받는 경우 등: 건축물은 원시취득, 토지의 경우에는 초과한 면적에 해당하는 부분에 한정하여 승계취득

취득의 유형

⑴ 배우자 또는 직계존비속의 취득
① 원칙: 증여
② 유상: 공매(경매 포함), 파산선고, 교환, 대가지급(소득 증명, 소유재산 처분 또는 담보, 상속 또는 수증 재산) 등

⑵ 부담부증여: 배우자 또는 직계존비속은 ⑴을 준용
① 채무액: 유상
② 채무액을 제외한 부분: 증여

취득세의 비과세

① 국가 등의 취득. 다만, 대한민국 정부기관에 과세하는 외국정부는 과세
② 국가 등에 귀속·기부채납 부동산 및 사회기반시설. 다만, 타인에게 매각·증여, 무상사용권을 제공받는 경우 등은 과세
③ 신탁법에 따른 수탁자에게 이전, 위탁자에게 이전, 신수탁자에게 이전. 다만, 조합 등은 과세
④ 「징발재산」 또는 「국가보위」에 따른 환매권
⑤ 1년 이하 + 임시건축물. 다만, 사치성은 과세
⑥ 공동주택 + 개수 + 9억원 이하. 다만, 대수선은 과세

취득의 시기

① 유상
㉠ 사실상의 잔금지급일[사실상의 잔금지급일을 확인할 수 있는 자료를 제출하지 않는 경우: 계약상의 잔금지급일(명시되지 않은 경우: 계약일부터 60일이 경과한 날)]과 등기일 또는 등록일 중 빠른 날
㉡ 계약해제 : 해당 취득물건을 등기·등록하지 않고 취득일부터 60일 이내에 계약이 해제된 사실이 입증되는 경우에는 취득한 것으로 보지 않음
② 연부: 사실상의 연부금지급일과 등기일 또는 등록일 중 빠른 날
③ 무상
㉠ 상속 또는 유증: 상속 또는 유증개시일
㉡ 증여 등 무상취득: 계약일과 등기일 또는 등록일 중 빠른 날
㉢ 계약해제: 해당 취득물건을 등기·등록하지 않고 취득일이 속하는 달의 말일부터 3개월 이내에 계약이 해제된 사실이 입증되는 경우에는 취득한 것으로 보지 않음
④ 건축·개수: 사용승인서를 내주는 날(임시사용승인일, 무허가는 사실상 사용이 가능한 날)과 사실상의 사용일 중 빠른 날
⑤ 조합원에게 귀속되지 아니하는 토지
㉠ 주택조합: 사용검사를 받은 날
㉡ 재건축조합 등: 소유권이전고시일의 다음 날
⑥ 매립·간척: 공사준공인가일. 다만, 공사준공인가일 전에 승낙 등을 받은 경우는 사용승낙일·허가일 또는 사실상 사용일 중 빠른 날
⑦ 토지의 지목변경: 사실상 변경된 날과 공부상 변경된 날 중 빠른 날. 다만, 지목변경일 이전에 사용하는 부분은 사실상의 사용일
⑧ 점유: 등기일 또는 등록일
⑨ 이혼시 재산분할: 등기일 또는 등록일

취득세의 과세표준

(1) 취득당시가액: 연부취득은 연부금액(매회 사실상 지급되는 금액, 계약보증금 포함)

① 유상승계취득: 매매 또는 교환 등
  ㉠ 원칙: 사실상취득가격
  ㉠ 부당행위계산: 시가인정액을 취득당시가액으로 결정할 수 있음
② 무상: 시가인정액. 다만, 상속은 시가표준액
③ 부담부증여: 채무부담액은 유상승계취득에서의 과세표준을 적용, 시가인정액에서 채무부담액을 뺀 잔액은 무상취득에서의 과세표준을 적용
④ 원시취득과 개수: 사실상취득가격. 다만, 법인이 아닌 자가 건축물을 건축하여 취득하는 경우로서 사실상취득가격을 확인할 수 없는 경우에는 시가표준액
⑤ 토지의 지목을 사실상 변경한 경우: 그 변경으로 증가한 가액에 해당하는 사실상취득가격. 다만, 법인이 아닌 자의 사실상취득가격을 확인할 수 없는 경우에는 지목변경 이후의 토지에 대한 시가표준액에서 지목변경 전의 토지에 대한 시가표준액을 뺀 가액

(2) 사실상취득가격의 범위

구 분		포함 여부	
		법인	개인
직접비용	계약금, 중도금, 잔금	○	○
간접비용	건설자금이자	○	×
	할부·연부이자 및 연체료	○	×
	의무	○	○
	필요	○	○
	약정	○	○
	채권 매각차손(금융회사 한도)	○	○
	중개보수	○	×
	설치비용	○	○
	판매	×	×
	전기·가스·열	×	×
	별개	×	×
	부가가치세	×	×
할인금액		×	×

(3) 시가인정액의 산정: 취득일 전 6개월부터 취득일 후 3개월 이내의 기간

① 매매: 거래가액. 다만, 부당은 제외
② 감정가액: 감정가액의 평균액
③ 경매 또는 공매: 경매가액 또는 공매가액

취득세의 세율

(1) 취득세의 표준세율

<table>
<tr><th colspan="3">취득 원인</th><th>표준세율</th></tr>
<tr><td rowspan="5">유상</td><td rowspan="3">주택</td><td>6억원 이하</td><td>1천분의 10</td></tr>
<tr><td>6억원 초과 9억원 이하</td><td>[(취득가액 × 2/3억원) − 3] × 1/100</td></tr>
<tr><td>9억원 초과</td><td>1천분의 30</td></tr>
<tr><td colspan="2">농지</td><td>1천분의 30</td></tr>
<tr><td colspan="2">그 이외 부동산</td><td>1천분의 40</td></tr>
<tr><td rowspan="2">상속</td><td colspan="2">농지</td><td>1천분의 23</td></tr>
<tr><td colspan="2">농지 이외 부동산</td><td>1천분의 28</td></tr>
<tr><td rowspan="2">상속 이외</td><td colspan="2">비영리사업자</td><td>1천분의 28</td></tr>
<tr><td colspan="2">비영리사업자 외</td><td>1천분의 35</td></tr>
<tr><td colspan="3">원시</td><td>1천분의 28</td></tr>
<tr><td colspan="3">공유물의 분할 등(본인 지분 초과 부분은 제외)</td><td>1천분의 23</td></tr>
<tr><td colspan="3">합유물 및 총유물의 분할</td><td>1천분의 23</td></tr>
</table>

(2) 표준세율 적용시 유의사항

① 조례로 표준세율의 100분의 50의 범위에서 가감할 수 있음
② 교환: 유상승계취득의 세율을 적용
③ 건축[신축과 재축은 제외]또는 개수로 인하여 건축물 면적이 증가할 때 그 증가된 부분: 원시취득으로 보아 세율 적용
④ 둘 이상의 세율: 높은 세율을 적용
⑤ 부동산이 공유물: 그 취득지분의 가액을 과세표준으로 하여 각각의 세율을 적용
⑥ 주택을 신축 또는 증축한 이후 해당 주거용 건축물의 소유자가 해당 주택의 부속토지를 취득하는 경우: 유상거래를 원인으로 하는 주택 취득의 세율을 적용하지 아니함
⑦ 법인이 합병 또는 분할에 따라 부동산을 취득하는 경우: 유상거래에 따른 농지는 1천분의 30, 농지 외의 것은 1천분의 40

(3) 주택 취득 등 중과세율 적용시 주택 수 판단

<table>
<tr><th colspan="2">구 분</th><th>주택 수 포함 여부</th></tr>
<tr><td colspan="2">주택의 공유지분</td><td>○</td></tr>
<tr><td colspan="2">주택의 부속토지</td><td>○</td></tr>
<tr><td rowspan="2">신탁법에 따라 신탁된 주택</td><td>위탁자</td><td>○</td></tr>
<tr><td>수탁자</td><td>×</td></tr>
<tr><td colspan="2">조합원입주권</td><td>○</td></tr>
<tr><td colspan="2">주택분양권</td><td>○</td></tr>
<tr><td colspan="2">주택으로 과세하는 오피스텔</td><td>○</td></tr>
</table>

⑷ 사치성 재산 등에 대한 중과세율

① 사치성 재산[회원제 골프장, 고급오락장, 고급선박, 고급주택]: 표준세율 + 중과기준세율의 100분의 400
㉠ 토지의 경계가 명확하지 아니할 때: 건축물 바닥면적의 10배
㉡ 중과에서 제외되는 용도변경공사: 60일[상속은 상속개시일이 속하는 달의 말일부터 6개월(외국 9개월)]
② 과밀억제권역: 본점(영리법인)·주사무소(비영리법인) + 공장
③ 대도시: 법인의 설립, 지점 등의 설치, 대도시로 전입에 따른 부동산
㉠ 휴면법인 인수 포함
㉡ 중과제외대상: 은행업, 할부금융업 등 대도시 중과 제외 업종 부동산

⑸ 취득세 세율의 특례: 중과기준세율 = 1천분의 20

구 분		세율의 특례	
		표준세율 − 중과기준세율	중과기준세율
환매등기		○	
상속	1가구 1주택 및 그 부속토지	○	
	감면대상 농지	○	
합병		○	
공유물 등의 분할	본인 지분	○	
	본인 지분 초과	−	
건축물의 이전	종전 가액	○	
	종전 가액 초과	−	
이혼	재산분할	○	
	위자료	−	
입목		○	
개수	종전 면적		○
	종전 면적 증가		−
지목변경			○
과점주주			○
묘지			○
임시건축물	1년 초과		○
	1년 이하		−
등록면허세에서 보존·이전등기			○
정원 등의 조성·설치			○

취득세의 납세절차

(1) 신고납부
① 유상: 그 취득한 날부터 60일 이내
② 무상(상속은 제외) 및 부담부증여: 취득일이 속하는 달의 말일부터 3개월 이내
③ 상속(실종): 상속개시일(실종선고일)이 속하는 달의 말일부터 6개월 이내[외국: 9개월 이내]
④ 중과세율 적용대상과 부과대상 또는 추징대상: 60일 이내 + 가산세 제외
⑤ 등기하거나 등록하려는 경우: 등기·등록관서에 접수하는 날까지

(2) 기한 후 신고: 법정신고기한까지 과세표준 신고서를 제출하지 아니한 자

(3) 납세지
① 부동산 소재지
② 납세지가 불분명: 취득물건의 소재지
③ 둘 이상의 지방자치단체에 걸쳐 있는 경우: 소재지별로 안분

(4) 취득세의 면세점: 취득가액이 50만원 이하 + 1년 이내

(5) 보통징수와 가산세
① 보통징수: 신고 등 의무를 다하지 아니한 경우 또는 일시적 2주택이 3년 내에 종전 주택을 처분하지 못한 경우
② 시가인정액으로 신고한 후 경정하기 전에 수정신고한 경우: 무신고가산세 및 과소신고가산세를 부과하지 아니함
③ 법인의 장부 등 작성과 보존의무 불이행에 대한 가산세: 100분의 10
④ 신고를 하지 아니하고 매각하는 경우: 100분의 80. 다만, 지목변경 등은 제외
⑤ 국가 등의 매각 통보: 매각일부터 30일 이내
⑥ 등기·등록관서의 장의 취득세 미납부 및 납부부족액에 대한 통보: 다음 달 10일까지

등록에 대한 등록면허세

등록: 다음의 등기나 등록은 포함

① 광업권·어업권 및 양식업권
② 외국인 소유 물건의 연부 취득
③ 취득세 부과 제척기간이 경과한 물건
④ 취득세 면세점에 해당하는 물건

납세의무자: 등록을 하는 자(= 등기권리자)

① 전세권 설정등기: 전세권자
② 전세권 말소등기: 전세권설정자

등록면허세의 비과세

① 국가 등이 받는 등록. 다만, 대한민국 정부기관에 과세하는 외국정부는 과세
② 체납으로 인한 압류해제의 등기 등
③ 공무원의 착오로 지번 오기에 대한 경정
④ 묘지인 토지에 관한 등기

등록면허세의 과세표준과 세율

(1) 과세표준과 표준세율

<table>
<tr><th colspan="4">구 분</th><th>과세표준</th><th>표준세율</th></tr>
<tr><td rowspan="5">소유권</td><td colspan="3">보존등기</td><td rowspan="5">부동산가액</td><td>1천분의 8</td></tr>
<tr><td rowspan="4">이전등기</td><td rowspan="2">유상</td><td>주택</td><td>취득세율 × 100분의 50</td></tr>
<tr><td>주택 외</td><td>1천분의 20</td></tr>
<tr><td rowspan="2">무상</td><td>상속</td><td>1천분의 8</td></tr>
<tr><td>상속 외</td><td>1천분의 15</td></tr>
<tr><td colspan="2">가등기</td><td colspan="2" rowspan="6">설정
이전</td><td>부동산가액
채권금액</td><td rowspan="6">1천분의 2</td></tr>
<tr><td colspan="2">지상권</td><td>부동산가액</td></tr>
<tr><td colspan="2">경매신청
가압류
저당권
가처분</td><td>채권금액</td></tr>
<tr><td colspan="2">지역권</td><td>요역지가액</td></tr>
<tr><td colspan="2">전세권</td><td>전세금액</td></tr>
<tr><td colspan="2">임차권</td><td>월임대차금액</td></tr>
<tr><td colspan="4">말소등기, 지목변경 등</td><td>건당</td><td>6천원</td></tr>
</table>

(2) 과세표준과 표준세율 적용

① 등록 당시의 가액: 신고가액. 다만, 신고가 없거나 신고가액이 시가표준액보다 적은 경우에는 시가표준액
② 취득세 면세점 등에 해당하는 물건의 등기 또는 등록: 취득당시가액(취득세 부과제척기간이 경과한 물건은 등록 당시의 가액과 취득당시가액 중 높은 가액). 다만, 등록 당시에 자산재평가 또는 감가상각 등의 사유로 그 가액이 달라진 경우에는 변경된 가액
③ 채권금액이 없을 때: 채권의 목적이 된 것의 가액 또는 처분의 제한의 목적이 된 금액
④ 산출세액이 6천원 보다 적을 때에는 6천원으로 함
⑤ 조례로 표준세율의 100분의 50의 범위에서 가감할 수 있음

(3) 중과세율: 표준세율의 100분의 300

① 중과세 대상: 대도시에서 법인 설립, 지점이나 분사무소의 설치, 대도시 밖에서 대도시로의 전입
② 중과세 제외대상: 은행업, 할부금융업 등 대도시 중과 제외 업종

등록면허세의 납세절차

(1) 신고납부
① 등록을 하기 전까지(= 등기·등록관서에 접수하는 날까지)
② 중과세대상, 부과대상 또는 추징대상: 60일 이내 + 가산세 제외
③ 신고의무를 다하지 아니한 경우에도 등록을 하기 전까지 납부하였을 때: 신고를 하고 납부한 것으로 봄. 이 경우 무신고가산세 및 과소신고가산세를 부과하지 아니함

등록면허세의 납세절차

(2) 납세지
① 부동산 소재지
② 납세지가 불분명: 등록관청의 소재지
③ 둘 이상에 걸쳐 있어 지방자치단체별로 부과할 수 없을 때: 등록관청의 소재지
④ 같은 채권의 담보를 위하여 설정하는 둘 이상의 저당권을 등록하는 경우: 처음 등록하는 등록관청 소재지
(3) 보통징수와 가산세
(4) 등기·등록관서의 장의 등록면허세 미납부 및 납부부족액에 대한 통보: 다음 달 10일까지

재산세

재산세의 납세의무자

① 과세기준일 현재 사실상 소유자
② 공유재산: 지분권자(지분의 표시가 없으면 균등한 것으로 봄)
③ 주택의 건물과 부속토지의 소유자가 다를 경우: 산출세액을 시가표준액 비율로 안분
④ 소유권 변동신고 또는 종중소유임을 신고하지 아니한 경우: 공부상 소유자
⑤ 상속등기 × + 신고 ×: 주된 상속자[상속지분이 가장 높은 사람 → 나이가 가장 많은 사람]
⑥ 국가 등 + 연부 + 사용권 무상: 매수계약자
⑦ 국가 등 + 선수금 + 사용권 무상: 사용권을 무상으로 받은 자
⑧ 수탁자 명의의 신탁재산: 위탁자
⑨ 체비지 또는 보류지: 사업시행자
⑩ 항공기 또는 선박을 임차하여 수입하는 경우: 수입하는 자
⑪ 파산선고 이후 파산종결의 결정까지 파산재단에 속하는 재산의 경우: 공부상 소유자
⑫ 소유권 귀속이 분명하지 아니한 경우: 사용자

재산세 과세대상의 구분

(1) 공부상 등재 현황과 사실상의 현황이 다른 경우: 사실상 현황
(2) 주택: 토지와 건축물의 범위에서 주택은 제외
① 주택 부속토지의 경계가 명백하지 아니한 경우: 주택의 바닥면적의 10배
② 주거용과 주거 외의 용도를 겸하는 건물: 1동은 주거용 부분만, 1구는 100분의 50 이상이면 주택
③ 다가구주택: 구분된 부분을 1구

토지에 대한 재산세의 과세방법

(1) 농지[전 · 답 · 과수원]
① 개인
㉠ 영농 ×: 종합합산과세대상
㉡ 영농 ○
ⓐ 군, 읍 · 면, 도시지역 밖, 개발제한구역 · 녹지지역: 분리과세대상
ⓑ ⓐ 외: 종합합산과세대상
② 법인 · 단체: 열거된 5가지[농업법인, 한국농어촌공사, 1990.5.31 이전 사회복지사업자, 매립 · 간척, 1990.5.31 이전 종중]는 분리과세대상, 그 외는 종합합산과세대상

(2) 목장용지: 도시지역 밖, 개발제한구역 · 녹지지역(1989.12.31 이전)에서 이내이면 분리과세대상이고 초과이면 종합합산과세대상, 그 외의 지역은 종합합산과세대상

(3) 임야: 열거된 지정문화유산 안의 임야, 공원자연환경지구의 임야, 1990.5.31 이전부터 종중이 소유하는 임야, 1990.5.31 이전부터 소유하는 상수원보호구역 임야 및 1989.12.31 이전부터 소유하는 개발제한구역의 임야 등은 분리과세대상, 그 외는 종합합산과세대상 등

(4) 공장용지 등
① 초과이면 종합합산과세대상
② 이내이면 지역 확인: 군, 읍 · 면, 산업단지 · 공업지역은 분리과세대상, 그 외의 지역은 별도합산과세대상
③ 공장용지와 동일한 분리과세대상: 국방상 목적의 공장 구내의 토지, 염전, 여객자동차터미널 및 물류터미널용 토지, 공모부동산투자회사

(5) 회원제골프장용 토지와 고급오락장용 토지: 분리과세대상

(6) 영업용 건축물의 부속토지 등
① 이내는 별도합산과세대상, 초과는 종합합산과세대상
② 건축물(공장용 건축물은 제외)의 시가표준액이 토지의 100분의 2에 미달하는 토지 중 건축물 바닥면적을 제외한 토지: 종합합산과세대상
③ 허가 등을 받지 아니한 또는 사용승인을 받지 아니한 건축물의 토지: 종합합산과세대상
④ 별도합산과세대상으로 보는 토지: 차고용 토지, 자동차운전학원용 토지, 스키장 및 골프장용 토지 중 원형이 보전된 임야

재산세의 비과세

① 국가 등의 보유. 다만, 대한민국 재산에 과세하는 외국정부는 과세
② 국가 등이 1년 이상 공용 또는 공공용으로 사용하는 재산. 다만, 유료 또는 유상이전은 과세
③ 「도로법」에 따른 도로와 사설 도로. 다만, 휴게시설, 연구시설 등과 대지 안의 공지는 과세
④ 하천, 제방, 구거, 유지, 묘지. 다만, 특정인이 전용하는 제방은 과세
⑤ 통제보호구역에 있는 토지. 다만, 전 · 답 · 과수원 및 대지는 과세
⑥ 산림보호구역 및 채종림 · 시험림
⑦ 공원자연보존지구의 임야
⑧ 백두대간보호지역의 임야
⑨ 1년 미만 + 임시건축물. 다만, 사치성은 과세
⑩ 철거명령을 받았거나 철거보상계약이 체결된 건축물 또는 주택. 다만, 토지는 과세

재산세의 과세표준

① 토지: 시가표준액[개별공시지가] × 100분의 70의 공정시장가액비율
② 건축물: 시가표준액[결정한 가액] × 100분의 70의 공정시장가액비율
③ 주택
  ㉠ 시가표준액[단독은 개별주택가격 또는 공동은 공동주택가격] × 100분의 60의 공정시장가액비율
  ㉡ 주택의 과세표준이 과세표준상한액보다 큰 경우에는 과세표준상한액으로 함
④ 선박과 항공기: 시가표준액

재산세의 세율

(1) 표준세율

구 분			표준세율
토지	분리	농지(전 · 답 · 과수원), 목장용지, 임야	1천분의 0.7
		공장용지 등	1천분의 2
		회원제 골프장용 토지 고급오락장용 토지	1천분의 40
	종합합산		1천분의 2~1천분의 5
	별도합산		1천분의 2~1천분의 4
건축물	회원제 골프장, 고급오락장용 건축물		1천분의 40
	시(읍 · 면지역은 제외) 주거지역 등의 공장용 건축물		1천분의 5
	그 밖의 건축물		1천분의 2.5
주택	9억원 이하 + 1세대 1주택		1천분의 0.5~1천분의 3.5
	그 외		1천분의 1~1천분의 4
선박	고급선박		1천분의 50
	그 밖의 선박		1천분의 3
항공기			1천분의 3

(2) 세율의 적용 방법

① 토지에 대한 재산세
  ㉠ 분리과세대상: 토지의 가액에 세율 적용
  ㉡ 종합합산과세대상: 관할구역 + 합한 금액에 세율 적용
  ㉢ 별도합산과세대상: 관할구역 + 합한 금액에 세율 적용
② 주택에 대한 재산세
  ㉠ 주택별로 세율 적용
  ㉡ 주택을 2명 이상이 공동으로 소유하거나 토지와 건물의 소유자가 다를 경우: 토지와 건물의 가액을 합산한 금액에 세율 적용
③ 표준세율: 조례로 100분의 50의 범위에서 가감할 수 있음. 다만, 가감한 세율은 해당 연도에만 적용

재산세의 납세절차

(1) 과세기준일과 납기
① 과세기준일: 매년 6월 1일
② 납기
㉠ 토지: 매년 9월 16일부터 9월 30일까지
㉡ 건축물: 매년 7월 16일부터 7월 31일까지
㉢ 주택: 세액의 2분의 1은 매년 7월 16일부터 7월 31일까지, 나머지 2분의 1은 매년 9월 16일부터 9월 30일까지. 다만, 세액이 20만원 이하인 경우에는 조례로 정하는 바에 따라 납기를 7월 16일부터 7월 31일까지로 하여 한꺼번에 부과·징수할 수 있음
㉣ 선박과 항공기 : 매년 7월 16일부터 7월 31일까지

(2) 징수방법
① 보통징수: 납기개시 5일 전까지 발급
② 수시로 부과·징수할 수 있음
③ 소액징수면제: 세액이 2천원 미만
④ 납세지: 부동산 소재지
⑤ 토지와 건축물에 대한 세 부담의 상한: 100분의 150
⑥ 납부유예
㉠ 1세대 1주택 + 그 납부기한 만료 3일 전까지 신청 + 담보 제공
㉡ 납부유예 허가의 취소: 해당 주택을 타인에게 양도하거나 증여하는 경우 등

(3) 물납
① 물납의 요건과 물납대상: 1천만원 초과 + 관할구역 부동산
② 물납의 신청: 납부기한 10일 전까지
③ 부동산 평가: 과세기준일 현재의 시가

(4) 분할납부
① 분할납부의 요건: 250만원 초과 + 3개월 이내
② 분할납부의 신청: 납부기한까지
③ 분할납부세액
㉠ 납부할 세액이 500만원 이하인 경우: 250만원을 초과하는 금액
㉡ 납부할 세액이 500만원을 초과하는 경우: 그 세액의 100분의 50 이하의 금액

종합부동산세

종합부동산세의 과세방법

구 분			납세의무자	공정시장가액비율	세부담 상한
주택	개인	2주택 이하	재산세의 납세의무자	100분의 60	100분의 150
		3주택 이상			
	법인	2주택 이하			없음 (비례세율 적용시)
		3주택 이상			
토지	종합합산		5억원 초과	100분의 100	100분의 150
	별도합산		80억원 초과		100분의 150

종합부동산세 과세표준의 산정

(1) 주택
① 개인
㉠ 일반: (주택 공시가격 합계액 − 9억원) × 100분의 60의 공정시장가액비율
㉡ 단독소유 + 1세대 1주택 + 거주자: (주택 공시가격 합계액 − 12억원) × 100분의 60의 공정시장가액비율
② 비례세율이 적용되는 법인 또는 법인으로 보는 단체: 주택 공시가격 합계액 × 100분의 60의 공정시장가액비율

(2) 토지
① 종합합산과세대상 토지: (종합합산 공시가격 합계액 − 5억원) × 100분의 100의 공정시장가액비율
② 별도합산과세대상 토지: (별도합산 공시가격 합계액 − 80억원) × 100분의 100의 공정시장가액비율

단독소유 + 1세대 1주택 + 거주자

(1) 과세표준 계산시 공제: 12억원

(2) 세액공제: [①과 ②은 최대 100분의 80의 범위 내에서 중복 적용]
① 연령별 세액공제: 만 60세 이상인 자
㉠ 만 60세 이상 만 65세 미만: 100분의 20
㉡ 만 65세 이상 만 70세 미만: 100분의 30
㉢ 만 70세 이상: 100분의 40
② 보유기간별 세액공제: 5년 이상 보유한 자
㉠ 5년 이상 10년 미만: 100분의 20
㉡ 10년 이상 15년 미만: 100분의 40
㉢ 15년 이상: 100분의 50

(3) 공동명의 1주택자의 납세의무 등에 관한 특례: 단독소유 1주택으로 신청할 수 있음

(4) 동거봉양 또는 혼인의 경우 각각 1세대로 보는 기간
① 동거봉양: 10년 동안
② 혼인: 10년 동안

종합부동산세의 세율

구 분			세 율
주택	개인	2주택 이하	1천분의 5~1천분의 27의 7단계 초과누진세율
		3주택 이상	1천분의 5~1천분의 50의 7단계 초과누진세율
	법인 (공익법인 등은 제외)	2주택 이하	1천분의 27
		3주택 이상	1천분의 50
토지	종합합산		1천분의 10~1천분의 30의 3단계 초과누진세율
	별도합산		1천분의 5~1천분의 7의 3단계 초과누진세율

이중과세 조정과 세율 적용시 주택 수의 계산 등

① 이중과세 조정
　㉠ 재산세로 부과된 세액은 공제
　㉡ 가감조정된 세율이 적용된 세액, 세부담 상한을 적용받은 세액
② 세부담의 상한: 직전 연도 과세기준일 현재 소유한 것으로 보아 계산함
③ 세율 적용시 주택 수
　㉠ 공동소유주택: 공동 소유자 각자
　㉡ 다가구주택: 1주택
　㉢ 주택 수에 불포함: 합산배제 임대주택, 합산배제 등록문화유산 등

종합부동산세의 절차적 사항

⑴ 과세기준일과 납기
① 과세기준일: 매년 6월 1일
② 납기: 매년 12월 1일부터 12월 15일까지

⑵ 징수방법
① 관할세무서장의 결정: 납부기간 개시 5일 전까지 납부고지서 발부
② 다만, 선택적 신고납부: 이 경우 관할세무서장의 결정은 없었던 것으로 봄
③ 납세지: 개인은 「소득세법」 준용
　㉠ 거주자: 주소지 → 거소지
　㉡ 비거주자: 국내사업장의 소재지 → 국내원천소득이 발생하는 장소 → 주택 또는 토지의 소재지
④ 가산세: 무신고 배제, 과소와 납부는 적용

⑶ 분납
① 분납의 요건: 250만원 초과 + 6개월 이내
② 분납세액
　㉠ 납부하여야 할 세액이 250백만원 초과 500만원 이하: 해당 세액에서 250만원을 차감한 금액
　㉡ 납부하여야 할 세액이 500만원을 초과: 해당 세액의 100분의 50 이하의 금액
③ 분납의 신청: 납부기한까지

소득세

소득세법 총설

① 종합과세: 이자 + 배당 + 사업소득[부동산임대업과 사업적인 양도(건설업과 부동산매매업)] + 근로 + 연금 + 기타소득
② 분류과세: 퇴직소득과 양도소득
③ 거주자: 국내에 주소를 두거나 183일 이상 거소 – 국내소득 + 국외소득(국외자산양도는 5년 이상)
④ 비거주자: 국내소득

양도소득세의 과세대상: 국내소재로 가정

구 분		과세대상 여부
지상권		○
지역권		×
전세권		○
등기되지 않은 부동산임차권		×
조합원입주권과 분양권		○
토지상환채권과 주택상환사채		○
사업에 사용하는 토지와 분리되어 양도하는 영업권		×
이축권	토지 또는 건물과 함께 양도하는 이축권	○
	해당 이축권 가액을 별도로 평가하여 신고하는 경우	×
골프회원권(관련 주식 포함)		○
건설업과 부동산매매업		×

양도로 보는 경우와 보지 않는 경우

구 분				양도 여부
현물출자				○
대물변제				○
이혼	위자료			○
	재산분할			×
수용				○
부담부증여	일반	채무액		○
		채무액을 제외한 부분		×
	배우자 직계존비속	채무액	원칙	×
			입증되는 경우	○
		채무액을 제외한 부분		×
환지처분으로 지목 또는 지번의 변경				×
보류지로 충당				×
양도담보	계약체결시			×
	채무불이행			○
신탁	설정 또는 해지			×
	위탁자의 지배를 벗어나는 경우			○
공유물 분할	지분 변경 없음			×
	지분 변경 있음			○
매매원인 무효의 소				×
경매·공매로 인하여 자기가 재취득				×

1세대 1주택 양도의 비과세

(1) 1세대

① 거주자 및 그 배우자. 부부가 각각 단독세대를 구성한 경우에도 동일한 세대
② 배우자가 없어도 1세대로 보는 경우: 30세 이상, 사망하거나 이혼, 기준 중위소득을 12개월로 환산한 금액의 100분의 40 이상

(2) 1주택: 양도일 현재 국내에 1주택

① 사실상 주거용으로 사용하는 건물
② 주택부수토지의 한도: 도시지역 밖은 10배, 도시지역 내 수도권 밖과 수도권 내 녹지지역은 5배, 그 외는 3배
③ 겸용주택

구 분	겸용주택의 판단	
	일반주택	고가주택
주택 연면적 > 주택 외 연면적	전부 주택	주택 부분만 주택
주택 연면적 ≦ 주택 외 연면적	주택 부분만 주택	주택 부분만 주택

④ 다가구주택: 구획된 부분을 각각 하나의 주택. 다만, 하나의 매매단위로 하여 양도하는 경우에는 그 전체를 하나
⑤ 고가주택: 양도당시 실지거래가액의 합계액이 12억원 초과
⑥ 공동소유주택: 특별한 규정이 있는 것 외에는 공동 소유자 각자
⑦ 1세대 2주택을 1주택으로 보는 경우
㉠ 수도권 밖: 사유가 해소된 날부터 3년 이내
㉡ 동거봉양: 한 사람이 60세 이상 또는 요양급여는 60세 미만 + 10년 이내
㉢ 혼인: 10년 이내
㉣ 농어촌주택: 일반주택을 양도하는 경우. 귀농주택귀농주택(3년 이상 영농·영어)은 5년 이내 일반주택 양도
㉤ 일시적인 2주택: 1년 이상이 지난 후 + 3년 이내
㉥ 상속: 일반주택을 양도하는 경우

(3) 1세대 1주택의 경우로서 보유기간 및 거주기간의 제한을 받지 아니하는 경우

① 건설임대주택 + 임차일부터 양도일까지 거주한 기간이 5년 이상
② 사업인정 고시일 전 취득 + 수용
③ 해외이주 + 출국일부터 2년 이내
④ 1년 이상 국외거주를 필요로 하는 취학 또는 근무상 + 출국일부터 2년 이내
⑤ 다른 시·군으로 취학, 근무상, 질병요양 + 1년 이상 거주

농지의 교환 또는 분합에 대한 비과세

① 농지의 범위: 논밭이나 과수원
② 비과세 요건: 쌍방 토지가액의 차액이 가액이 큰 편의 4분의 1 이하
③ 경작상 필요: 3년 이상 경작. 수용되는 경우에는 3년 이상 농지 소재지에 거주하면서 경작한 것으로 보며, 피상속인의 경작기간과 상속인의 경작기간을 통산

미등기양도자산(미등기양도 제외자산 아님)에 대한 제재

구 분	제재의 내용
비과세와 감면	배제
필요경비개산공제	등기 100분의 3(미등기는 1,000분의 3)
장기보유특별공제	배제
양도소득기본공제	배제
세율	100분의 70

미등기양도제외 자산: 법령이 정하는 자산

① 장기할부조건
② 법률의 규정 또는 법원의 결정
③ 비과세대상 농지의 교환 또는 분합, 감면대상 자경농지 및 농지대토
④ 비과세요건을 충족한 1세대 1주택 등
⑤ 도시개발법에 따른 취득등기를 하지 아니하고 양도하는 토지
⑥ 도시개발법에 따라 체비지를 양도

양도 또는 취득시기

① 대금을 청산한 날. 양수자가 부담하는 양도소득세 등은 제외
② 대금을 청산한 날이 불분명: 등기·등록접수일 또는 명의개서일
③ 대금을 청산하기 전 등기: 등기접수일
④ 장기할부조건: 소유권이전등기접수일·인도일 또는 사용수익일 중 빠른 날
⑤ 자기가 건설한 건축물
　㉠ 허가: 사용승인서 교부일과 사실상의 사용일 또는 임시사용승인을 받은 날 중 빠른 날
　㉡ 무허가: 사실상의 사용일
⑥ 상속: 상속이 개시된 날
⑦ 증여: 증여를 받은 날
⑧ 점유: 점유를 개시한 날
⑨ 수용: 대금을 청산한 날, 수용의 개시일 또는 소유권이전등기접수일 중 빠른 날. 다만, 소송으로 보상금이 공탁된 경우에는 소유권 관련 소송 판결 확정일
⑩ 대금을 청산한 날까지 완성 또는 확정되지 아니한 경우: 완성 또는 확정된 날
⑪ 환지처분: 환지 전. 다만, 증감된 경우는 환지처분의 공고가 있은 날의 다음 날
⑫ 무효판결: 당초 취득일

양도가액과 취득가액의 산정원리

① 양도가액을 기준시가에 따를 때에는 취득가액도 기준시가에 따름
② 추계순서
㉠ 양도가액: 매매사례가액 → 감정가액 → 기준시가
㉡ 취득가액: 매매사례가액 → 감정가액 → 환산취득가액 → 기준시가
③ 용어의 정의
㉠ 매매사례가액과 감정가액: 3개월 이내
㉡ 환산취득가액: 양도당시의 실지거래가액 등 × [취득당시의 기준시가 ∕ 양도당시의 기준시가]
㉢ 기준시가
ⓐ 토지: 개별공시지가
ⓑ 단독주택: 개별주택가격
ⓒ 공동주택: 공동주택가격
ⓓ 부동산을 취득할 수 있는 권리: 납입한 금액 + 프리미엄 상당액
㉣ 매매사례가액 또는 감정가액이 특수관계인과의 거래에 따른 가액 등으로서 객관적으로 부당하다고 인정되는 경우에는 해당 가액을 적용하지 아니함
④ 토지 또는 건물에 대한 필요경비개산공제액: 취득당시 기준시가 × 100분의 3[미등기: 취득당시 기준시가 × 1,000분의 3]

실지거래가액에 의한 필요경비 포함 여부

구 분		포함 여부
납부영수증이 없는 취득세		○
상속세		×
현재가치할인차금	원칙	○
	필요경비 산입금액	×
부당행위계산에 의한 시가초과액		×
취득관련 소송비용	원칙	○
	필요경비 산입금액	×
이자상당액	약정이자	○
	지급기일 지연이자	×
감가상각비로 필요경비 산입금액		×
지적공부상 면적 증가로 징수한 조정금		×
수익적 지출액		×
취득 후 소송비용	원칙	○
	필요경비 산입금액	×
용도변경 · 개량 또는 이용편의		○
개발부담금과 재건축부담금		○
양도소득세과세표준 신고서 작성비용		○
공증비용, 인지대 및 소개비		○
명도비용		○
금융기관 매각차손을 한도로 국민주택채권 및 토지개발채권 매각차손		○

장기보유특별공제

① 대상: 토지 또는 건물과 조합원입주권(조합원으로부터 취득한 것은 제외)
② 보유기간: 3년 이상
　㉠ 취득일부터 양도일까지
　㉡ 이월과세: 증여한 배우자 또는 직계존비속이 해당 자산을 취득한 날부터 기산
　㉢ 가업상속공제: 피상속인이 해당 자산을 취득한 날부터 기산
③ 공제액
　㉠ 일반적인 경우: 100분의 6~100분의 30
　㉡ 1세대 1주택: 3년 이상 보유기간 중 거주기간이 2년 이상
　　ⓐ 보유기간: 100분의 12~100분의 40
　　ⓑ 거주기간: 100분의 8~100분의 40
④ 공제방법: 자산별로 각각 공제
⑤ 적용배제
　㉠ 미등기(법령이 정하는 자산은 제외)
　㉡ 국외 자산

양도소득기본공제

① 대상: 각 호의 소득별로 각각 연 250만원
　㉠ 제1호: 토지 또는 건물 · 부동산에 관한 권리 및 기타자산에 따른 소득
　㉡ 제2호: 주식 등
　㉢ 제3호: 파생상품 등
　㉣ 제4호: 신탁 수익권
② 감면 외에서 먼저 공제하고, 감면 외에서는 먼저 양도한 자산
③ 공유자산: 공유자 각각 공제
④ 적용배제: 미등기(법령이 정하는 자산은 제외)

양도소득금액계산의 특례

(1) 비과세요건을 충족한 고가주택 양도차익 등

① 고가주택 양도차익 = 양도차익 × [(양도가액 − 12억원)/양도가액]
② 고가주택 장기보유특별공제액 = 장기보유특별공제액 × [(양도가액 − 12억원)/양도가액]

(2) 부담부증여에 대한 양도가액 및 취득가액의 계산

① 부담부증여 양도가액 =「상속세 및 증여세법」에 따라 평가한 가액 × (채무액/증여가액)
② 부담부증여의 취득가액 = 취득당시 취득가액 × (채무액/증여가액)

(3) 특수관계인간 고가양수 또는 저가양도의 부당행위계산 부인

시가와 거래가액의 차액이 3억원 이상이거나 시가의 100분의 5에 상당하는 금액 이상인 경우 시가로 계산

양도소득금액계산의 특례

(4) 배우자 또는 직계존비속으로부터 증여받은 자산에 대한 이월과세(= 양도소득의 필요경비 계산 특례)

① 수증자와의 관계: 배우자(이혼은 포함하고, 사망은 제외) 또는 직계존비속
② 적용대상자산: 토지 또는 건물, 부동산을 취득할 수 있는 권리, 시설물이용권
③ 양도일까지의 기간: 10년 이내
④ 납세의무자: 수증자
⑤ 취득가액, 자본적지출액, 장기보유특별공제, 세율: 증여자
⑥ 양도소득세 연대납세의무: 없음
⑦ 증여세: 양도차익 계산시 필요경비에 산입
⑧ 적용 배제
㉠ 소급하여 2년 이전 증여 + 수용된 경우
㉡ 1세대 1주택 비과세를 적용받는 경우
㉢ 이월과세 적용시 세액 < 이월과세 미적용시 세액

(5) 특수관계인간 증여 후 양도행위의 부인

① 수증자와의 관계: 특수관계인(이월과세가 적용되는 배우자 및 직계존비속은 제외)
② 양도일까지의 기간: 10년 이내
③ 적용 요건: (수증자의 증여세 + 수증자의 양도소득세) < 증여자가 직접 양도하는 경우로 보아 계산한 양도소득세
④ 납세의무자: 증여자
⑤ 양도소득세 연대납세의무: 있음
⑥ 증여세: 부과를 취소하고 수증자에게 환급
⑦ 적용 배제: 양도소득이 해당 수증자에게 실질적으로 귀속된 경우

(6) 양도차손(= 결손금)의 공제

① 양도차손의 공제: 각 호의 소득별로 양도차손을 양도소득금액에서 공제
㉠ 토지 또는 건물·부동산에 관한 권리 및 기타자산에 따른 소득
㉡ 주식등의 양도로 발생하는 소득
㉢ 파생상품등의 거래 또는 행위로 발생하는 소득
㉣ 신탁 수익권에 따른 소득
② 이월결손금의 공제: 이월공제는 받을 수 없음

양도소득세의 세율: 토지 또는 건물 및 부동산에 관한 권리

(1) 일반적으로 적용되는 세율
① 미등기(법령이 정하는 자산은 제외): 100분의 70
② 등기

구 분	주택과 조합원입주권	분양권	그 외	비사업용토지
1년 미만	100분의 70	100분의 70	100분의 50	큰 세액
1년 이상 2년 미만	100분의 60	100분의 60	100분의 40	큰 세액
2년 이상	6%~45%	100분의 60	6%~45%	16%~55%

(2) 중복되는 경우: 양도소득 산출세액 중 큰 세액

(3) 세율 적용시 보유기간: 상속은 피상속인이 취득한 날부터 기산

양도소득 과세표준 예정신고

구 분		예정신고기간
토지 또는 건물 부동산에 관한 권리 기타자산 신탁 수익권	일반	양도일이 속하는 달의 말일부터 2개월
	토지거래계약허가 (대금청산 → 허가)	허가일(또는 해제일)이 속하는 달의 말일부터 2개월
	부담부증여	양도일이 속하는 달의 말일부터 3개월

양도소득세의 납세절차

(1) 예정신고
① 양도차익이 없거나 양도차손이 발생한 경우: 적용
② 수시부과세액: 공제하여 납부
③ 예정신고납부 이행: 세액공제 없음, 불이행: 가산세

(2) 확정신고납부
① 다음연도 5월 1일부터 5월 31일까지
② 예정신고를 한 자는 해당 소득에 대한 확정신고를 하지 아니할 수 있음
③ 다만, 누진세율 자산에 대한 예정신고를 2회 이상 한 자가 합산하여 신고하지 아니한 경우: 확정신고를 하여야 함
④ 예정신고와 관련하여 무신고가산세가 부과되는 부분에 대해서는 확정신고와 관련하여 무신고가산세를 적용하지 아니함

(3) 납세지
① 거주자: 주소지 → 거소지
② 비거주자: 국내사업장 소재지 → 국내원천소득이 발생하는 장소

(4) 분할납부
① 분할납부의 요건: 1천만원 초과 + 2개월 이내
② 분할납부세액
㉠ 납부할 세액이 2천만원 이하인 경우: 1천만원을 초과하는 금액
㉡ 납부할 세액이 2천만원을 초과하는 경우: 그 세액의 100분의 50 이하의 금액
③ 분할납부의 신청: 예정신고기한 또는 확정신고기한까지

국외부동산양도에 대한 양도소득세

① 납세의무자: 5년 이상
② 환차익을 양도소득의 범위에서 제외
③ 양도가액과 취득가액의 산정방법: 실지거래가액 → 시가
④ 기준시가와 필요경비개산공제: 배제
⑤ 장기보유특별공제는 배제
⑥ 양도소득기본공제는 적용
⑦ 세율: 6%~45%의 8단계 초과누진세율
⑧ 양도차익의 외화환산: 기준환율 또는 재정환율
⑨ 외국납부세액의 이중과세조정: 세액공제방법 또는 필요경비 산입방법

부동산임대업의 범위 등

① 지역권·지상권을 설정하거나 대여
 ㉠ 공익사업과 관련 없음: 사업소득
 ㉡ 공익사업과 관련 있음: 기타소득
② 미등기 부동산 포함
③ 사업자등록 여부에 관계없이 과세
④ 공공요금 납부액의 초과금액: 총수입금액에 산입
⑤ 간주임대료를 계산하는 과정에서 차감하는 금융수익: 수입이자와 할인료, 배당금
⑥ 결손금
 ㉠ 주거용 건물 임대업: 종합소득 과세표준을 계산할 때 공제
 ㉡ 주거용 건물 임대업 외: 종합소득 과세표준을 계산할 때 공제하지 아니함
⑦ 논·밭을 작물생산에 이용하게 하는 임대소득: 비과세

주거용 건물 임대업: 과세여부 판단

(1) 월세
① 1주택 소유
 ㉠ 원칙: 비과세
 ㉡ 예외: 과세
  ⓐ 고가주택: 과세기간 종료일 또는 양도일 현재 기준시가 12억원 초과
  ⓑ 국외주택
② 2주택 이상 소유: 과세

(2) 보증금 등에 대한 간주임대료
① 1주택 소유: 비과세(= 총수입금액에 산입하지 아니함)
② 2주택 소유: 비과세(= 총수입금액에 산입하지 아니함)
③ 3주택 이상 소유: (40제곱미터 이하 + 기준시가 2억원 이하)는 제외
 ㉠ 보증금 등의 합계액 3억원 이하: 비과세(= 총수입금액에 산입하지 아니함)
 ㉡ 보증금 등의 합계액 3억원 초과: 과세(= 총수입금액에 산입함)

부동산임대업 주택 수의 계산

구 분	주택 수의 계산
다가구주택	① 1개의 주택 ② 구분등기: 각각을 1개의 주택
공동소유주택	① 원칙: 지분이 가장 큰 사람(2인 이상이면 귀속자로 정한 사람) ② 예외: 지분이 가장 큰 사람이 아니어도 포함 ㉠ 수입금액이 연간 6백만원 이상 ㉡ 기준시가 12억원을 초과 + 100분의 30을 초과하는 지분
전대하거나 전전세	임차인 또는 전세받은 자
본인과 배우자	① 합산 ② 공동소유주택: 지분이 더 큰 사람

제36회 공인중개사 시험대비 **전면개정판**

2025 박문각 공인중개사

박문각 익힘장 하헌진 부동산세법

12장 익힘장으로 12문제 맞히기

초판인쇄 | 2024. 11. 10. **초판발행** | 2024. 11. 15. **편저** | 하헌진 편저

발행인 | 박 용 **발행처** | (주)박문각출판 **등록** | 2015년 4월 29일 제2019-000137호

주소 | 06654 서울시 서초구 효령로 283 서경 B/D 4층 **팩스** | (02)584-2927

전화 | 교재 주문 (02)6466-7202, 동영상문의 (02)6466-7201

저자와의 협의하에 인지생략

정가 15,000원

ISBN 979-11-7262-331-9